合格する子がやっている

忘れない暗記術

第一志望合格率70％
第二志望以上合格率100％の中学受験専門塾！
中学受験アテナ進学ゼミ

宮本毅

かんき出版

はじめに

「覚えることが苦手」
「覚えてもすぐ忘れる」
「覚え方がわからない」

受験生の多くが直面するこのような「覚えられない！」を解決するのが本書です。私のこれまでの受験指導経験の中で、特に効果的だった40の方法を、「暗記にまつわるお悩み解決」という体裁でまとめています。どの方法も、今日からすぐに使えるものばかりです。そしてその効果は、私の教室に通う受験生が結果で証明してくれています。

私は東京の吉祥寺で中学受験専門塾を運営しています。しかし、国語専門塾、算数専門塾といった、教科を限定した塾ではありません。受験に必要な全教科を指導しています。講師は私一人です。

受験生が学んでいるのは、国語だけでも、算数だけでもありません。生徒の本当の力を把握し、それを伸ばすためには、一人の教師が全教科をみるのがベストである。そんな思いから、国語、算数、理科、社会の授業で教壇に立っています。

そのため本書には、すべての教科に関する「暗記のコツ」を載せることができました。本書を活用すれば、「苦手」だった暗記が、「得意」に変わります。覚えることの楽しさを、本書でぜひ感じてください。


さて、ここでひとつ質問をさせてください。

皆さんは「学力」という言葉を聞いて、何を思い浮かべますか？　偏差値？　得点率？　暗記力？　記述力？　分析力？　たくさんの言葉が思い浮かびますね。ではいったいどれが本当の学力なのでしょう。しかし残念ながら、「これが本当の学力だ」と一つに限定することはできません。文部科学省の学力観では、今日の激しく変化する社会に対して主体的に対応できる能力を身につけさせるために、「関心・意欲・態度」「思考・判断・表現」「技能」「知識・理解」の4つの観点を挙げています。すなわち現代の教育においては「自ら学ぶ意欲」と「思考力」を重視しているといえそうです。

従来型の学校教育ではとかく記憶を中心にした詰め込み教育になりがちであり、それにより落ちこぼれ・少年非行・校内暴力などの教育問題・社会問題を招いたと考えられています。その反省から学ぶ意欲と思考力を重視する新しい学力観が生まれ、今日においてもその流れは変わっていません。

ではこの「思考力」というものを私たちは、いったいどのように高めていけばいいのでしょう。最近ではそれに加えて「発想力」といったものも重視される傾向がありますが、こうした「思考力」や「発想力」といった漠然とした力を身につけるためには、どのように学んでいけばいいのでしょうか。「思考力や発想力なんてものは生まれつきの才能であって、努力によって身につけることはできない」などという人もいます。本当にそうなのでしょうか。

次の問題は私立武蔵中学で実際に出題された社会の入試問題です。

少子高齢化が進む日本では、ますます外国人労働者を必要とすることも予想されます。今後日本に多くの外国人が住むようになるとすると、社会にどのような変化が生じると思いますか。君の考えを書きなさい。

小学6年生が答えるものとしてはかなり難易度が高い問題と言えます。一般的な社会の入試問題といったら「聖徳太子が小野妹子を隋に派遣した年は何年?」とか「日本が石油を最も多く輸入している国は?」といった暗記物を思い浮かべる人も多いかと思いますが、入試の状況はどんどん変化しつつあり、こうした記述力・思考力を問うタイプの問題も数多く出題されるようになってきています。まさにこのような問題を解く力こそ、文部科学省が求める新しい学力観に基づく力だと言えそうです。

では実際の小学6年生の子どもたちはこの問題に対して、どのように答えているのでしょう。私の教え子でこの年、この中学校に合格した生徒に、入試直後に再現してもらった答案がこれです。

日本は日本語という独自の言葉を使っているので、外国の人たちがたくさん日本に入ってくると、まず日本語で書かれた案内や看板が読めず困る。案内板には英語は書かれているが、[1]日本にいる外国人の割合は1位が中国人、2位が朝鮮半島の人たちなので、これからは中国語やハングル文字で書かれた案内板が増えてくると思う。
またイスラム教の人たちもこれからどんどん日本に入ってくると思うが、[2]彼らは豚肉を食べることができないので、豚肉の入っていない料理を出すお店も増えると思う。

2013年の入試問題なので、当時日本は、外国語表記についてまだまだ発展途上だったことを考えると、中国語や韓国語表記について触れたのは「先見の明」があったと言えそうです。イスラム教徒についてはどうしても「テロ」と結びつけて考えられがちですが、彼らの文化的側面に注目したのも良かったのではないでしょうか。小学6年生が書いた答案としては、「思考力・表現力」において高評価な答案だと言えそうです。

実はこの答案にこそ、「思考力を身につけるにはどうしたらいいのか」という問いの答えがかくされています。まず波線1について。こうした統計的知識を塾で習ったのか新聞などで読んだのかわかりませんが、この生徒はこうした情報を知識として知っていたわけです。この知識があったからこそ、そのあとに続く結論を導き出せたのだと思います。また波線2について、イスラム教徒の食文化の知識が解答に説得力を持たせています。すなわちこうした「裏付けとなる知識」が思考力や表現力の礎となっているわけです。

今日の教育では、「思考力・表現力・分析力・判断力」といったものが重視されます。それはしばしば「知識一辺倒の教育」のアンチテーゼとして語られます。しかし「思考力」と「知識力」は本当に二項対立の相反するものなのでしょうか。私は違うと思います。知識量の少ない人が一生懸命自己の意見を主張しても、薄っぺらくて中身のない論になってしまいます。豊かな表現力は知識に裏打ちされるべきものであるはずです。

たくさんの知識がないと正しい判断はできません。新しいものを創造する力でさえ、無から有は生まれないように、多くの知識や経験があればこそ生きてくるものでしょう。すなわち、「思考力」を身につけたいと思ったら、まずは知識を身につける必要があるのです。

2020年度に大学受験が大きく変わります。「大学入試センター試験」に代わって新たに導入される「大学入学共通テスト」では、マークシート試験に加えて記述式問題が出題されます。次のページには独立行政法人「大学入試センター」が公表したモデル問題のうち、数学Iの記述問題の一例を掲載しました。公園に設置する銅像をテーマにした問題ですが、こうした問題を目の当たりにすると保護者の皆さんは「こんな問題うちの子に解けるのかしら」と不安になってバタバタしてしまうものです。しかしこの問題とて結局「どんな定理をどんなふうに用いるのか」を思考させる問題にすぎず、三角関数の定理そのものを暗記していることが前提条件となる従来型の数学の問題と何ら変わらないのです。

大きく異なるのは設問の提示のされ方です。数学をより実践的に日常生活の中でどう役立てるのかを考えさせる点では、紙面の上だけの問題とは明らかに一線を画します。大学入試センターも「具体的・実践的な課題解決方法に対して、数学を活用し、

[1] 花子さんと太郎さんは，次の記事を読みながら会話をしている。

=公園整備計画=　広場の大きさどうする?

○○市の旧県営野球場跡地に整備される県営緑地公園(仮称)の整備内容について，緑地公園計画推進委員会は 15 日，公園のメイン広場に地元が生んだ武将△△△△の銅像を建てる案を発表した。県民への憩いの場を提供するとともに，観光客の誘致にも力を入れたい考え。

(写真はイメージ)

ある委員は，「銅像の設置にあたっては，銅像と台座の高さはどの程度がよいのか，観光客にとって銅像を最も見やすくするためには，メイン広場の広さはどのくらいあればよいのか，などについて，委員の間でも様々な意見があるため，今後，実寸大の模型などを使って検討したい」と話した。

花子：銅像と台座の高さや，広場の大きさを決めるのも難しそうね。
太郎：でも，近づけば大きく見えて，遠ざかれば小さく見えるというだけでしょ。
花子：写真を撮るとき，像からどのくらいの距離で撮れば，銅像を見込む角を大きくできるかしら。

見込む角とは，右図のように，銅像の上端 A と下端 B と見る人の目の位置 P によってできる∠APB のことである。

二人は，銅像を見込む角について，次の二つのことを仮定して考えることにした。

・地面は水平であり，直線 AB は地面に対して垂直である。
・どの位置からも常に銅像全体は見える。

次の各問いに答えよ。なお，必要に応じて 10 ページの三角比の表を用いてもよい。

(2) 銅像に近づいたり離れたりすると，見込む角の大きさは変化する。見込む角が最大になるときの，見る人の足元の位置を「ベストスポット」とよぶこととする。この「ベストスポット」について，太郎さんは次のように考えた。

【太郎さんの考え】

3 点 A, B, P を通る円の半径を R とすると，AB の長さは常に一定であることから，∠APB が鋭角ならば，∠APB が最大となるのは，R が最小のときである。

(i) ∠APB が鋭角であることを確かめる方法を，△APB の 3 辺の長さ AB, AP, BP についての式を用いて説明せよ。解答は，解答欄 （あ） に記述せよ。

数学的論拠に基づいて課題を解決する場面を設定することで、『数学のよさ』を認識させることもねらいとして構成している」としています。しかしこれまでにも国公立大学の二次試験や私立大学の入試ではすでにそうしたタイプの出題が数多く存在していますので、特に目新しいものとは言えません。そしてそれらすべての問題に共通して言えることは、そもそも定理や公式を充分に訓練していない生徒は、そうした問題に対応することは難しいということです。

知識は決してないがしろにしてはいけないものです。むしろ私は、まずはしっかりと知識を身につけるところから始めねばならないと考えています。大変だからとそれを避けて通り、「思考力こそ本当の学力」などと叫んでみたところで説得力はありません。知識を身につけること、すなわち「暗記」こそ、私たちが最初に立ち向かわねばならない課題なのです。

「そうはいっても自分も子どもも暗記がニガ手」

まさにそういう方にこそ本書は存在します。

暗記することは実はそれほど大変なことではありません。そもそも「覚えられない」と言っているあなた自身もお子さんも、日本語を覚えているではありませんか。日本語は世界一単語数の多い言語として知られています。日常会話でも1万語ほどの単語を知っていないと、その内容を理解できないと言われています。難関大学に合格するために必要な英単語数が５０００から６０００ですから、１万語というのは相当な数ですよね。それだけの単語をみなさんはすでに覚えているわけですから、暗記力がないわけはないのです。

これから教える40のコツのうち、まずは気に入ったものをお子さんと一つ実践してください。それだけで暗記力はグッと上がり、覚えることがそれほど苦痛ではなくなるはずです。さぁ、親子で暗記力をアップして、学習の新たなページをめくりましょう！

２０１８年7月

宮本　毅

合格する子がやっている
忘れない暗記術
もくじ

第1章 中学受験に直結! 各教科暗記のコツと思考力アップのヒント

第2章

脳の仕組みを知れば、暗記はもっとラクになる

第3章

暗記力が飛躍的にアップする暗記法と学習法

カバーデザイン：小口翔平＋永井里実（ｔｏｂｕｆｕｎｅ）
本文デザイン・ＤＴＰ：ホリウチ ミホ（ニクスインク）
本文イラスト：村山 宇希（ぽるか）
編集協力：黒坂 真由子

本書の使い方

本書は、保護者から寄せられた「暗記にまつわるお悩み」に、著者が回答するという形式で構成しています。

興味があるところからお読みになる際の目安にしていただくため、内容によって以下のように分類、表記しています。

【算数】算数全般について
【漢字】国語の漢字学習について
【理科】理科全般について
【社会】社会科全般について
【歴史】社会科の歴史学習について
【地理】社会科の地理学習について
【思考力】考える力と暗記力の関係について
【スケジュール】スケジュールの立て方について
【脳】脳の仕組みについて
【暗記法】覚え方について
【学習法】暗記の効率を上げる勉強法について
【お悩み】勉強そのものの不安について

第1章

中学受験に直結！
各教科暗記のコツと
思考力アップのヒント

Q 01

【漢字】漢字は大きく書くほうが覚えられますか？何回書けばいいですか？

80回書いても100回書いても覚えない！漢字練習はむしろ1回にせよ！

「うちの子、漢字が本当に苦手で」
「漢字練習を全然してくれなくて」

こんなお悩みを持つ保護者の皆さん、本当に多いですよね。中には「漢字練習帳で20回ずつ練習させているのに、学校の漢字テストではさんたんたる結果。いったい何回書かせれば覚えるの？」そんなご質問を寄せる方もいます。

ある日私の塾で、教え子がやけに憂鬱そうな顔をして通塾してきたので、「何かあったの？」」と尋ねると、学校の先生から「テストで間違えた漢字を、ノートに80回書いてこい」と言われたそうです。私は「罰ゲームじゃないんだから」と思わず苦笑してしまいました。

漢字を覚えさせたいのであれば、再テストを実施すれば済むはずです。80回書かせたところで脳がその行為自体を拒否してしまえば、記憶には残りません。そもそも「80回も書く」なんて、苦行以外の何物でもありませんから、楽しんでできようはずもありません。ズルをする子も出てくるかもしれません。第一、それだけで覚えられるなら苦労はないですよね。

そもそも1回で覚えてしまう子もいれば100回書いても覚えられない子もいます。世の中とは実に不公平ですね。ではその両者の違いとはいったい何でしょうか。

私はそれを「意識レベルの差」と表現しています。もちろん医学的な「意識レベル」ではありません。漢字を覚えられる子は、その漢字の一画一画がきちんとイメージできていたり、漢字の意味にまで意識が及んでいたりするために、記憶に残るのです。

例えば記憶の「憶」の字ですが、これは「りっしんべんに意味の意」と書きますね。

これ1文字で「覚える・思う」という意味があるわけですが、「意味を心（りっしんべん）にとどめる」と覚えれば忘れにくくなります。

あるいは「憶」がどんな言葉に使われているか考えてみるのも、暗記をする上では役に立ちます。「記憶」「追憶」「憶測」など、やはり「憶」が持つもともとの意味である「思う・いろいろなことを思いやる・心にとどめて忘れない・おしはかる」といったものと関連する熟語が多いですね。「憶」自体も訓読みでは「おぼえる・おもう」と読みます。

たった一つの文字でも、**意味や別の読み方、使用例などに思いをはせることで、一つの漢字にキャラクター性が生じ、記憶に残りやすくなる**のです。仲の良い友だちの名前や生年月日や好きな色のことは覚えられるけど、たいして興味のないクラスメートのことは下の名前すらあやふやなものです。思い入れが強ければ強いほど記憶は強固になりやすいもの。漢字に対してそこまで意識が及んでいることが重要です。

あるいは同じ部首の漢字をたくさん書き出してみるのもいいでしょう。例えば『旺文社漢和辞典』に掲載されている「てへん」の主な漢字を書き出していくとこんな感じです。

打 払 扱 技 折 投 把 抜 押 拒 拘 招 拓 担 拝 拍 抱 括 指

持 拾 捜 掛 掘 掲 採 授 推 接 掃 探 捻 排 描 握 換 揉 提

揚 摂 掻 撮 撰 操 擁 擦 …

こうしてならべてみると、「投げる」「担《かつ》ぐ」「括《くく》る」「掲《かか》げる」「提《さ》げる」など、手でおこなう動作が多いことがわかりますね。漢字ドリルの順番にこだわらず、部首でいっぺんに漢字を覚えていく方法は、意味も把握しやすいので効率的な覚え方と言えるでしょう。

漢字が覚えられない子というのは、そんなことは一切考えず、ただ何となくぼんやりと形を眺めて覚えようとしているケースがほとんどです。覚える工夫も何もないのでなかなか覚えられない。そんな子に80回漢字練習をさせても覚えるはずがありませんよね。だから漢字を覚えるのに回数をこなしても意味がないのです。

ではどうするか。理想論を言えば、一つ一つの漢字に対してとことん調べ上げていくのがよいということになります。しかし受験生などの場合には、なかなかそこまでの時間が取れません。そこでこんな風にしてみましょう。

まず保護者の方が漢字のテストをするからと宣言してください。そしてたった1回だけ練習する機会を与えてください。すると子どもはその1回に集中して、何とか覚えようと意識を高めるでしょう。そのときに「意味を考えてごらん」「分解してごらん」「書き順通りに書いてごらん」「同じ部首の漢字をたくさん書き出してごらん」と覚え方のヒントを与えてください。覚えるコツすらわからずに、やみくもに覚えようとしても効率的ではありません。このような暗記のやり方を教えてあげてください。

漢字との向き合い方を子どもが自ら変えることができれば、劇的に向上することはなくとも、少しずつ漢字を覚えられるようになっていくはずです。意識改革はすべての暗記、すべての学習につながっていくものです。

漢字を分解

憶

忄　　意

りっしんべん
「覚える」「思う」

意味の「意」

→

「記憶」
「追憶」
「憶測」

部首でまとめる

扌 てへん…手を使う動作に関連している

打《う》つ　投《な》げる　操《あやつ》る　折《お》る

扱《あつか》う　採《と》る　握《にぎ》る　拝《おが》む

接《せっ》する　掘《ほ》る　拾《ひろ》う　…

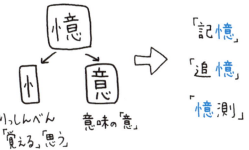

Q 02

【漢字】漢字が苦手です。書き順まで暗記させるべきでしょうか？

書き順を覚えると漢字は覚えられる。しかも字がうまくなる！

私は小学生のころ、漢字が本当に不得意でした。覚えられない、というよりも覚える気がない、と言った方が正確でしょうか。「覚えようと思えばいつでも覚えられる」などと傲慢不遜なことを申し上げる気は毛頭ありませんが、国語が得意だった私は、不まじめにも「読解問題が解ければ文句ないでしょ」と、まともに漢字を覚えようとしなかったのです。親からはうるさく言われましたが、国語の成績が良かったせいか、塾の先生は苦笑いこそすれ、あまり厳しく漢字を覚えろと言うことはありませんでした。書き取りはできないが読むことはむしろ得意だった、ということもあったのでしょう。読解問題では全く不自由しませんでした。

そんな私も子どもたちを指導する立場となって、漢字を覚える必要に迫られました。しかしこれまでまじめに漢字を覚えようとしてこなかった私は、なんとなく書けるようにはなっても、トメハネなど入試において最も重要な部分はどうしてもウロ覚えとなってしまい、困っていました。そんなときに巡り合ったのが『漢字の書き順辞典』でした。

漢字の書き順は、文字を書く上でとても理にかなった順番になっているものです。特に筆で漢字を書いていくときに、書き順通りに、トメハネをしっかり書くと、筆運びに無理がなくかつバランスの良い美しい字が書けるようになります。

例えば「放射性廃棄物」「棄捐令」「棄却する」の「棄」という字を例に挙げてみましょう。普通なら細かくてとても覚えにくい字ですが、ためしに27ページの書き順に従って、丁寧に書いてみてください。

どうでしょう。かなり複雑な漢字であるため、いい加減に覚えていた人も多かったのではないでしょうか。しかし書き順通りにきちんと丁寧に書くと、意外に覚えやすいと感じていただけると思います。一画一画しっかり書くことで漢字が分解されるため、テキトーにパパパと書くよりもずっと覚えやすくなるのです。

書き順を意識することで、漢字が覚えられるようになるもう一つの理由は、「字がきれいになる」ということです。書き順を意識して丁寧に書くと、字が上手に書けるようになります。書き順とは、字を美しく書くためのツールですので当然のことですね。例えば先ほどの「棄」という字のように中がごちゃごちゃっとしている漢字の場合でも、線の一本一本がクリアになります。クリアになることで視覚的にもイメージがつきやすく、一層覚えやすくなるというわけです。

また美しい字を書いていると、人から「字がきれいだね」などとほめられるようになります。すると漢字を書くことが苦痛でなくなり、楽しくなってくるはずです。楽しければ暗記は確実に進みます。逆に字が汚いと、先生からも親からも「あんたは字が汚いわね」と言われ、「もっときれいに書きなさい」と叱られます。叱られると人はモチベーションを低下させてしまい、ますます「漢字なんて大嫌い」と思うように

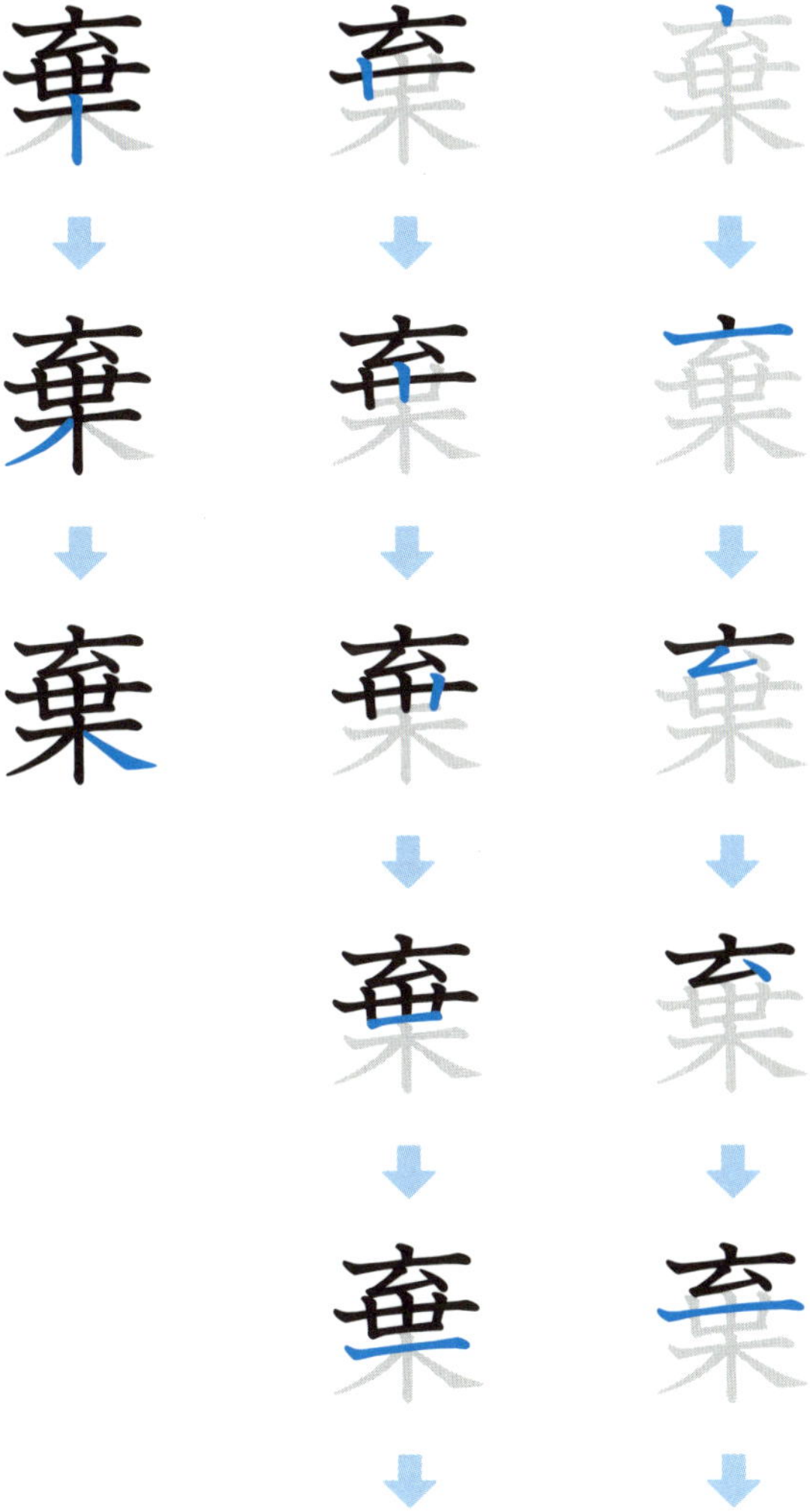

なってしまいます。挙げ句の果てに「読解問題が解ければ文句ないでしょ」などと、偉そうなことを言うようになるのです（笑）。

漢字が嫌いなお子さん、漢字が覚えられないというお子さんには、ぜひ「書き順を意識する」という作戦を取り入れてみてください。一家に1冊、「筆順ハンドブック」を設置しておき、覚えられない漢字が出てきたらすぐにそれで調べさせてみてください。「漢字克服ノート」をつくり、書き順や熟語などをそのノートにまとめていくとよいでしょう。すべての漢字についておこなう必要はありません。特に覚えられない漢字のみで大丈夫です。

ぜひ今日から始めてみてくださいね。

漢字克服ノートの作り方

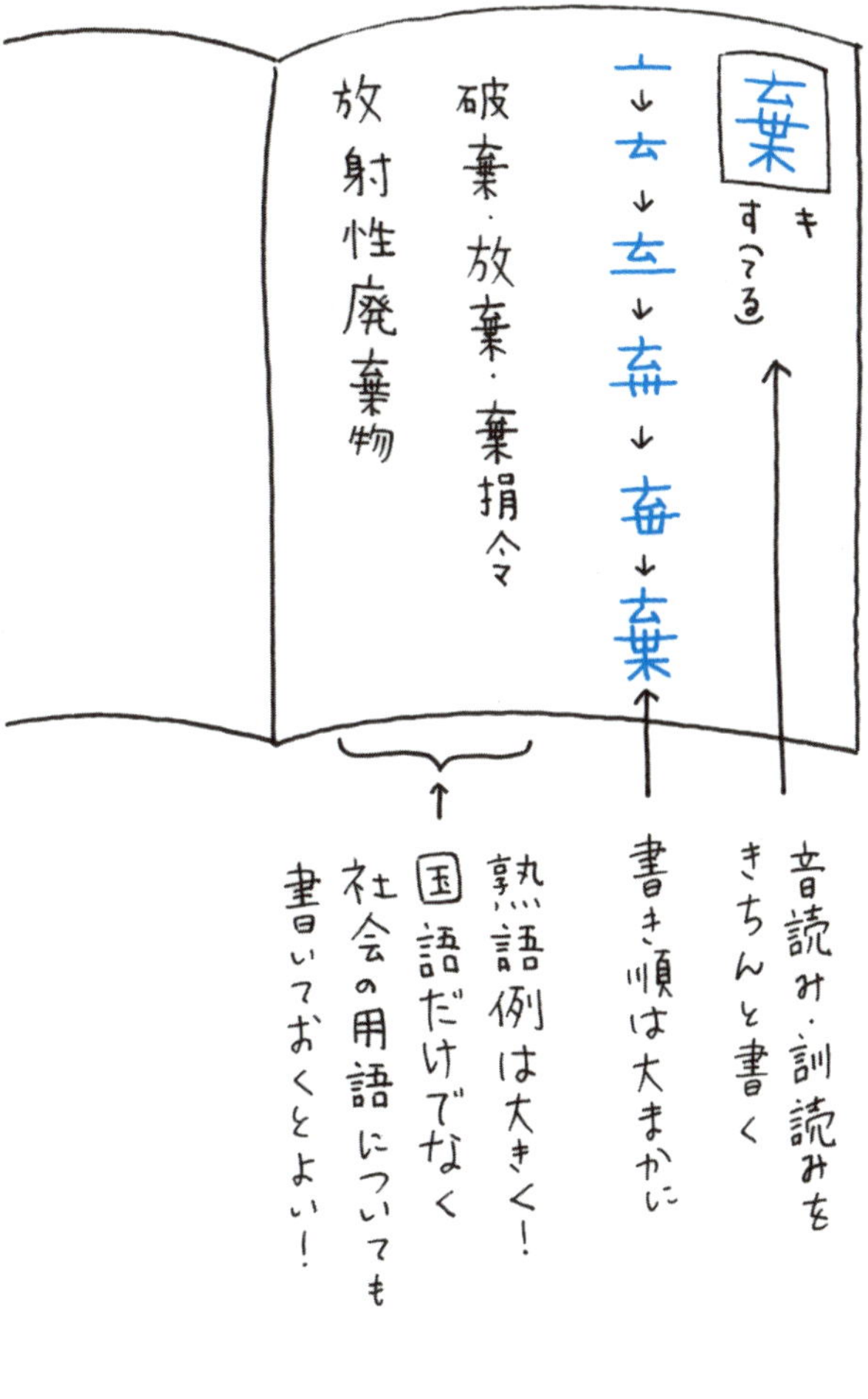

Q 03

【漢字】私立入試では、漢字のトメハネもチェックされますか？　そこまで覚える必要がありますか？

入試の採点基準は学校の先生なんかよりもずっと厳しい。覚える必要あり

さて、トメハネの問題です。書き順やトメハネを意識することで漢字は格段に覚えやすくなるという話はQ02でも書きました。逆に言えば、書き順やトメハネをいい加減にしている子ほど、漢字を苦手としているケースは多い、と言えます。私もその一人でした。

書道では、私たちが実際に紙に筆を走らせる画数のほかに、一つの画から次の画に移るときの、筆が紙に触れていない部分もとても大切であると考えられています。前者を「実画」、後者を「空画」といいます。この目に見えない「空画」をきちんととらえることで、美しい字が書けると書道では説きます。

書き順もトメハネも、この「空画」を意識する上で大変重要であると考えられます。すなわち、トメハネを意識する↓美しい字が書ける↓「きれいな字ね」とほめられる↓子どもたちは嬉しい↓やる気が出る↓暗記が進む、というわけですね。

きれいな字が書けるようになると、子どもたちのやる気が喚起されるばかりではありません。子どもたちは字を一画一画書くようになり、結果的に漢字を覚えられる子に育っていくということになります。

では具体的にどうすれば子どもたちの意識がトメハネに向くのでしょうか。ここでは男女に分けてその対策についてお話ししたいと思います。

まず女子ですが、女子はもともと「かわいいもの」「美しいもの」が大好きであるという性質があるため、比較的「文字をきれいに書かせる」ことに苦労はないでしょう。美しい文字のお手本があるだけで、すぐにきれいな字を書く努力をすると思います。お母さんが美文字だと、たいていの女子も美文字になるものです。

問題は男子ですね。男子は基本、面倒くさがりで地道に努力することを嫌います。かわいいものやきれいなものにも興味はありません。一方で合理主義的なところを持っています。華美な装飾品のついた服ではなく動きやすい短パンTシャツを好み、髪をとかす時間があったら友だちとキャッチボールをすることを選びます。全力疾走しにくいローラーシューズが男子で流行せず女子の専有物になったのも、男子が機能性を追求する合理主義者ゆえのことでしょう。

そんな男子に「漢字を練習させる」には、男子が納得する合理的な理由付けが必要です。すなわち男子は「勉強すればきちんと点数が取れる」と認識させることができれば、それが学習意欲につながりやすいのです。そのためにも**最初は無理やりにでも練習をさせて、塾の漢字テストなどで満点を取らせる必要があります**。最初のステップは確かに大変ですが、一度でも成功体験を積ませると、男子の場合はその後「あんたはやればできるんだから」という一言で、やる気スイッチが入るようになり、後が楽になります。

また男子は無条件で「かっこいいもの」に惹かれる傾向があります。そこで漢字テストに出る熟語などを迫力のある書体、例えば「魂心」とか「侍」などのフォントでプリントアウトして独自の漢字ドリルを作ってみてもよいかもしれません。

と、ここまで力説しておいてなんですが、実は2016年2月29日に文化庁文化審議会漢字小委員会が「常用漢字で『トメ』『ハネ』などに細かい違いがあっても誤りではなく、さまざまな字形が認められる」ということを解説した指針案を国語分科会に報告しました。文科省でも「教科書体の字を標準として指導するが、これ以外を誤りとするものではない」との考えを示しています。つまりトメてもハネてもどっちでもいい漢字があるということです。文化庁の示した一覧表には、「さまざまな字形が正しい漢字として認められる例」が何と2千136も掲載されています。ここまでくるともはや何が正しくて何が間違っているのかわからなくなってしまいますね（笑）。

あまりこだわりすぎるとかえって子どもたちを漢字嫌いにしてしまいますので、まずは私たち大人が、「どっちでもいい漢字」をしっかり把握しておくことが重要です。入試でどの程度重視されるかについては、各学校の説明会などで確認をしておくとよいでしょう。

複数の横画を有する漢字における，横画の長短に関するもの

構成要素の例	左のような構成要素を持つ漢字の書き表し方の例
無	舞舞　無無　など
幸	幸幸　報報　など
天	天天　蚕蚕　など
三	三三　など

点の方向にいろいろな書き方があるもの

構成要素の例	左のような構成要素を持つ漢字の書き表し方の例
糸	紅紅　紙紙　など
灬	魚魚魚　点点点　など
舟	舟舟　航航　など

横画又は縦画で書くことも，点で書くこともあるもの

構成要素の例	左のような構成要素を持つ漢字の書き表し方の例
年	年年年　など
㐄	偉偉偉　隣隣隣　など
戸	戸户　所所　など

文化庁のホームページ内資料より抜粋

漢字の下部や狭い部分にある「木」「米」などの左右のはらいの始筆を，つけて書くことも，「ホ」のようにはなして書くこともあるもの

構成要素の例	左のような構成要素を持つ漢字の書き表し方の例
木	案案　保保　など
米	歯歯　迷迷　など

縦画の終筆をはねて書くことも，とめて書くこともあるもの

構成要素の例	左のような構成要素を持つ漢字の書き表し方の例
木	木木　机机　など
禾	委委　積積　など
牛	特特　牧牧　など
糸	糸糸　絹絹　など
小	県県　少少　など

縦に下ろして右に曲げる点画(L)の終筆を，とめて書くことも，はねて書くこともあるもの

構成要素の例	左のような構成要素を持つ漢字の書き表し方の例
匕	指指　陛陛　など
己	改改改　起起　など

Q 04

【歴史】歴史の流れが全く頭に入らないようなのです。どうやって覚えればいいの？

流れ暗記はエピソードでまとめて覚えろ！

私の塾では歴史の授業の時には、黒板に歴史の流れや年号・重要人物を書き出しながら説明していくのですが、その時に私が「ネタ帳」にしているものがあります。それは私が大学受験の時に予備校の授業の板書を写し取っていたノートです。大学受験の際に使っていたノートが現在、中学受験の社会の授業時に指導の役に立っているわけです。

つまり、私たち四・五十代の人が大学受験の時に学習していた内容と、現在の中学受験で必要とされる学習内容に、大きな差がないということです。私たちがかつて大学受験の時に一生懸命覚えた知識量を、今の中学受験生たちは暗記しなければならないわけです。なんだかかわいそうですね。

なぜそんなことになってしまったのでしょうか。

これは塾と私立中学の間の「いたちごっこ」にその原因があります。例えばある私立中学で新しい言葉に関して出題したとします。するとそれは次年度の塾のテキストに掲載されます。私立中学はまた別の新しい言葉を出題します。次の年には塾のテキストにその言葉が載ります。こうして塾用テキストに掲載されている用語数はどんどん増えていくわけです。子どもたちを指導していると、覚えなければいけない用語数の多さに指導する側が圧倒されることもしばしばです。

かつての大学受験に必要だった知識の量を、いったい子どもたちはどうやって暗記すればよいのでしょう。これだけの情報量ですから丸暗記ではとても対応しきれません。覚えていく先からどんどん忘れていってしまいます。記憶のメカニズムについては後述しますが、人間の脳が一時《いちどき》に記憶できる量というのはある程度決まっていて、その量は決して多くはありません。

では膨大な量の知識を一気に頭に入れるのに、何かいい方法はないものでしょうか。そこで役立つのが「エピソード記憶」です。「エピソード記憶」とは、体験を通して得られる記憶のことです。例えば小学校の運動会で逆転勝利を収めた時の記憶や、はじめて異性に告白した時の記憶は、細部にわたって覚えているものです。こうした印象の強い出来事は、エピソード記憶として長期間脳に保存されます。このエピソード記憶の優れている点は、一生懸命頑張って覚えようとしなくても、自然に記憶に残り、しかも忘れにくいというところです。これをうまく活用すれば、膨大で覚えにくい歴史の知識を、いっぺんに暗記することができます。

しかし歴史上の出来事を体験することはできません。それをどうやって「エピソード記憶化」すればいいのでしょうか。ポイントとなるのが「追体験」です。「追体験」とは他人の体験を、小説や伝記などを通して自分の体験としてとらえることです。歴史においても、自分自身を歴史上の一登場人物に置き換えて「追体験」をしてみましょう。歴史の傍観者になってもよいですし、歴史上の一人物になってみてもよいですね。
例えばいま皆さんは平安時代のことを学ぼうとしているとします。「白河上皇」になったつもりで歴史を眺めてみましょう。

白河上皇がまだ子どもだった頃、お父さんは時の関白・藤原頼通に冷遇されていた。頼道は藤原道長の息子である。白河天皇は、平安京に都を移して頑張っていた桓武天皇の時代のような天皇親政を自分もやりたいなぁ、藤原氏を排除したいなぁと思っていた。なにせ藤原氏は摂政・関白を独占して摂関政治でやりたい放題だったから。藤原道長はどうやって権力を握ったかというと、自分の娘を天皇に嫁がせ、自らは天皇の義父（外戚）として実権を握ったのだった。そこで白河天皇はひらめいた。「そうだ。院政をやろう！」自分も天皇の位を息子に譲り、自らは上皇となって、天皇の父として実権を握ればいいんだと。そうして始めたのが院政である。白河上皇は自分の屋敷を警護する武士（北面武士）を置き、その任に源氏や平氏の人たちを当たらせた。その子孫である平清盛が、保元・平治の乱で勝利して実権を握るに至るのだった。

こんな風にエピソードにして歴史をたどれば、「桓武天皇→摂関政治→院政→平清盛」という平安時代の流れがすっきり頭に入ります。

しかし自分でこれを一から考えるのはなかなか骨の折れる作業です。**そこでおすすめなのが「歴史マンガ」をうまく活用することです。**歴史マンガはできれば登場人物がしっかりしているもの、時代ごとに分かれているものがよいでしょう。朝日新聞出版の「週刊マンガ日本史」は読みやすいと思います。マンガであれば取りかかりやすいですし、絵やイラストが入っているので頭の中で追体験しやすいからです。その分記憶に残りやすいと言えます。あるいはＮＨＫの大河ドラマや歴史をテーマにした映画などもおすすめです。「のぼうの城」「硫黄島からの手紙」「清須会議」「超高速！参勤交代」などがおすすめです。映像も記憶と結びつきやすいですから、面白くて頭に入る、まさに一石二鳥です。

そしてこれらは「息抜き」として勉強と勉強の合間にさしはさむこともできます。勉強の合間に歴史マンガを読みながら暗記ができるなんて、夢のような受験勉強ライフですね。上手に取り入れていきましょう。

歴史人物エピソード記憶法

1. 主人公を決める

⇩

2. その人物にまつわる年表を作る

⇩

3. 経緯や周辺事項をまとめる

⇩

4. キャラ設定

例)

つり目の
暴君
信長

ウッキー
天下人
秀吉

ギョロ目の
たなぼた君
家康

Q 05

【歴史】同じ姓の人物ばかりでこんがらがります

あえて同姓の人物をまとめて覚えろ！

北条時政・北条政子・北条義時・北条泰時・北条時頼・北条時宗・北条早雲……中学受験で出てくる北条氏を並べるとこんな感じです。「時」の字が多すぎて誰が誰だかさっぱりですよね。ちなみに最初の6人は一族ですが、北条早雲は「後北条氏」といって別の一族となります。これを単純に時代の流れに沿って暗記していくと、途中でこんがらがってしまいそうです。

歴史というのは「英雄の群像劇」と言えます。さまざまな歴史上の人物が、登場し

中学授験に出る主な藤原氏

- 親 中臣（藤原）鎌足：中大兄皇子と共に**大化の改新**をおこなう
- 子 藤原不比等：刑部親王と**大宝律令**を作る

- 親 藤原冬嗣：**蔵人頭**となる
- 子 藤原良房：臣下として初の**摂政**となる
- 孫 藤原基経：臣下として初の**関白**となる

- 親 藤原道長：**摂関政治**の全盛を築く
- 子 藤原頼通：**平等院鳳凰堂**を建てる

ては去り、現れては消えていきます。その人物たちの波に紛れてしまうと、一人一人がいったいどんなことをやったのかわからなくなってしまいます。特に似たような名前の人物の場合、群雄たちの中に埋もれてしまうのも仕方ありません。

ではを彼らを記憶の表層に浮かび上がらせるにはどうしたらいいのでしょう。方法はふたつあります。まず一つは集団にしてしまうこと。一人一人の印象が薄いのなら、まとめて軍団をつくらせてしまえばいいわけです。

例えば中学受験に必要な藤原氏は9人出ていますが、彼らをばらばらに覚えるのではなく9人を一気にまとめて覚えてしまいます。まずは親子関係を把握しながら、人物を紙に書きだしていきましょう。「鎌足－不比等」「冬嗣－良房－基経」「道長－頼道」という具合です。そしてそれぞれ何をやったのかをまとめていくと、前のページのようになります。あとは自分でまとめたこの紙を、机の前に貼り付けておくだけです。こうすれば常に目にとまりますので、いやでも頭に入ります。新しい藤原氏を学んだときには、ここに付け加えて書き込んでいけばよいわけです。足利氏を習ったら足利氏の一覧を、徳川氏を習ったら、徳川氏の一覧をつくっていけばよいでしょう。歴史の流れも復習でき一石二鳥です。

もう一つの方法は、歴史上の人物をキャラ立ちさせていくというものです。例えば最初に挙げた北条氏なら、「北条時政＝自由奔放な娘に翻弄され娘の彼氏の源頼朝に味方して初代執権となった黒幕男」、「北条政子＝敵方のリーダーであった源頼朝と恋に落ち、朝廷と幕府が対立したときには演説して全軍の士気を高めた女傑」、「北条泰時＝承久の乱後、六波羅探題の初代リーダーとなり、御成敗式目という武士初の法律を作ったエリート官僚」「北条時宗＝降伏勧告をしてきたモンゴル帝国に反抗し、2

度の元寇を退けた若き英雄」といった感じです。これにイラストをつけたり、テキストの写真に落書きしたりして遊びながらキャラ設定を楽しめば、紛らわしい歴史上の人物も頭に入っていくでしょう。

「まとめて覚える」という観点からいえば、「陰謀の真犯人」というのも印象に残りやすいですよね。例えば「本能寺の変」。実際に手を下したのは明智光秀ですが、彼は単なる実行犯に過ぎず、織田信長暗殺を企てた黒幕がいるという説も多数あります。豊臣秀吉黒幕説・徳川家康黒幕説・朝廷黒幕説など実にさまざま。例えば秀吉説では、①中国攻めの際に信長に援軍要請をしている（その援軍に向かう途上で本能寺

恋に生きる女
北条政子

エリート街道まっしぐら
北条泰時

勇猛果敢な若き英雄
北条時宗

の変に遭っている)、②本能寺の変後の高松城との和睦の際に、「信長生存」という嘘の情報を流す(もし光秀が信長の首をとって公表していたらすぐにばれる嘘)、③中国大返しがあまりにも手際が良すぎる(事前に準備していたのではないか)、の3つの謎が根拠とされています。よく「殺人事件の真犯人を捜すには、その殺人によって誰が一番得をするかを考えるとよい」などと言われますが、秀吉はこの点においても、信長のあとを継いで天下を統一したわけですから、真犯人として有力です。こんなふうに推理小説を読むように歴史の謎に迫っていくと、楽しいばかりでなく自然と知識が身につくでしょう。

「源実朝暗殺事件」「坂本龍馬暗殺事件」「伊藤博文暗殺事件」……。**歴史上の暗殺事件について、自分なりにまとめて、壁新聞を作ってみる**のも面白いかもしれません。

自分で壁新聞を作ってみよう！

信長暗殺、衝撃走る！

中国遠征の準備さなか 第一の家臣、光秀がなぜ

中国攻めをおこなっていた羽柴秀吉の援軍要請を受けた織田信長は、腹心明智光秀に中国遠征を命じたのが五月十七日。光秀はすぐに支度を整え、丹波亀山城へ到着。

その後「敵は本能寺にあり」と全軍に転進を命じて信長を急襲した。

奮戦むなしく、信長は死期を悟ると、敦盛を舞った後、自刃。享年四十九歳であった。

急報を聞いた羽柴秀吉は、急ぎ高松城と和睦を結び、主君を謀殺した明智光秀と対峙すべく、中国大返しを敢行。六月九日には姫路～尼崎間の約九十キロをわずか一日で踏破した。

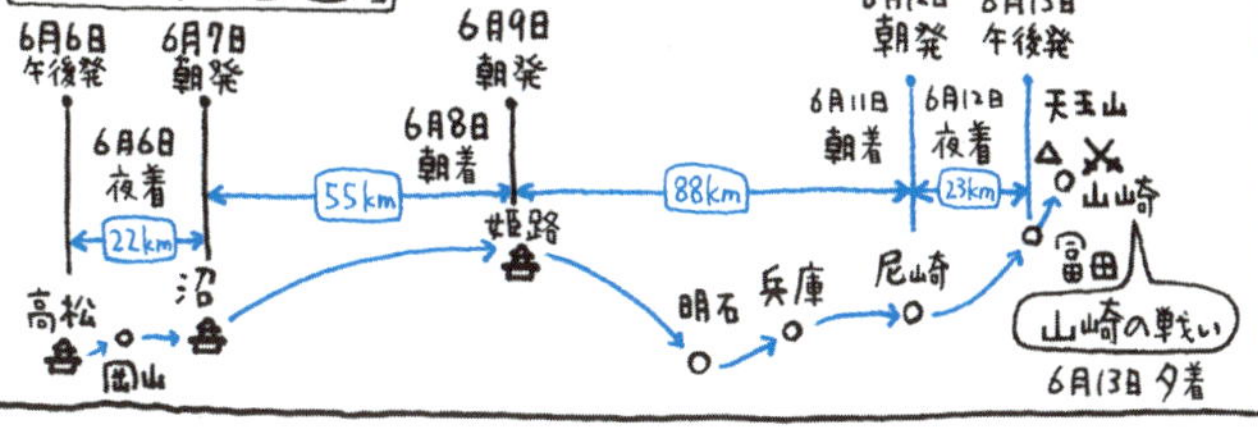

Q 06

【地理】地図(地理)が覚えられません

都道府県なら都道府県パズル。地形なら国内旅行がおすすめ

塾の講師をしていると、なかなかまとまった休みが取りにくいという事情もあって、海外旅行はおろか、沖縄などの離島に行くことも難しく、旅行というともっぱら国内旅行なのですが、工夫をすればそれなりの楽しみ方もあります。最近では毎年4日ほどある夏休みを利用して、「半島巡り」をおこなっています。どんなものかというと、地方都市まで飛行機で飛んでレンタカーを借り、観光しながらぐるりと半島を回るという旅行です。将来は撮りためた写真を使って、半島ガイドマップでも出版しようかと密かに企んでいます。

半島巡りを始めて改めて実感したのは、やっぱり地理は現地で実際に見て学ぶのが一番だということです。例えば私は子どもの頃、三重の祖母の家によく遊びに行ったのですが、その途中の新幹線の車窓から見た、牧ノ原台地の茶畑や、浜松駅手前で見たヤマハの工場、近鉄に乗り換えて四日市あたりで眺めた石油化学コンビナートの紅白の煙突群などをよく覚えています。そのため塾の授業で習う前から、お茶と言えば静岡県であり、浜松と言えば楽器やオートバイの生産がさかんであり、四日市と言えば亜硫酸ガスの四日市ぜんそくで有名だということを知っていました。

今でもそうした光景をありありと覚えているのは、体験したことと塾や学校で習った知識がリンクして、記憶を強固にしているからだと思われます。

お子さんが地理が苦手なら、春休み・夏休み・冬休みの家族旅行はハワイなどに行くのではなくぜひ国内旅行を楽しんでほしいと思います。もちろん地理が苦手でない場合でも国内旅行はおすすめです。かつては「日光を見ずしてケッコウと言うなかれ」といわれましたが、日光だけではなく日本にはまだまだ見るべきところがたくさんあります。地方の特産品などはその土地で実際に食べたり、お土産として買ってきたりすることで、脳に強く印象づけられます。

山梨県の石和温泉に行ったら桃を食べ、お父さんお母さんは晩酌でワインを飲み、甲州貴石細工をお土産にしてください。福井県の東尋坊に行ったら越前ガニを食べ、眼鏡フレーム（県内の鯖江市は眼鏡フレーム国内シェアなんと96％！）を新調してください。青森県の津軽平野に旅行に行ったなら、ちょっとさびれた青函トンネル記念館を訪れて、アップルパイを食べ、津軽塗の箸を買って帰りましょう。道後温泉に行くなら広島空港に飛んでレンタカーを借り、尾道から瀬戸内しまなみ海道を通って今治へ渡り、タオルを買って伊予柑を食べながらドライブするのがおすすめです。ちょっと足を伸ばして宇和海まで行けば、リアス海岸を肌で感じることも可能です。地理の知識を予習してからドライブすれば、峠や川など地形を直接見ることができますし、電車旅行なら駅名や路線から自然と地名を覚えられるでしょう。行くなら断然国内旅行です！

撮ってきた写真を模造紙などに貼り付けて、説明を書けば立派な自由研究になります。家に帰ってきてから旅行したルートを地図帳などでたどれば、とてもいい復習になり、記憶はより強固になります。

旅行している時間がないようでしたら、地図の上で疑似旅行を楽しむのもよいでしょう。息抜きにはお笑い番組ではなく、旅番組を見ると地理の学習になります。テレビもうまく使えば勉強の助けになるものです。ゲームは私は基本的には反対派なのですが、初期の「桃太郎電鉄」というすごろくゲームは、地理の勉強にかなり役立ちます。ポケモンとかマリオカートなんかをやるよりもずっといいと思います。

都道府県を覚えたければなんといっても「都道府県パズル」がおすすめです。一種のジグソーパズルになっているのですが、都道府県の形を手で触って感じることができるのはとても大きな体験です。岩手県のギザギザを触りながら「ここがリアス海岸か！」とか、愛媛県のとんがりをつまみながら「これが日本一細長い佐田岬半島ね」などとやれば、地形はすぐに覚えられるでしょう。山地・山脈や湖沼・河川も各ピースに書かれていますので、「天竜川って諏訪湖から出て長野県と静岡県を通り、遠州灘に抜けるのか」とか「丹波高地って京都の北と南を分けているんだ」といったことを学べます。テキストに載っているような、「日本の河川一覧」などで丸暗記していくよりも、半分遊びながら親子でワイワイやる方がはるかに記憶に残るものです。

とにかく、**暗記をするコツは、旅行したり、白地図帳に書いたりしながらそれを実際に体験したり楽しんだりする**ことです。旅行やレクリエーションの中で暗記を進めることができれば、息抜きにも勉強にもなり一石二鳥です。ぜひ夏休みなどの家族旅行の計画は、うまく学習に結び付けるようにしてみてください。

地図帳大作戦

自地図帳に情報をおとしこみ
自分だけの地理テキストを作る！

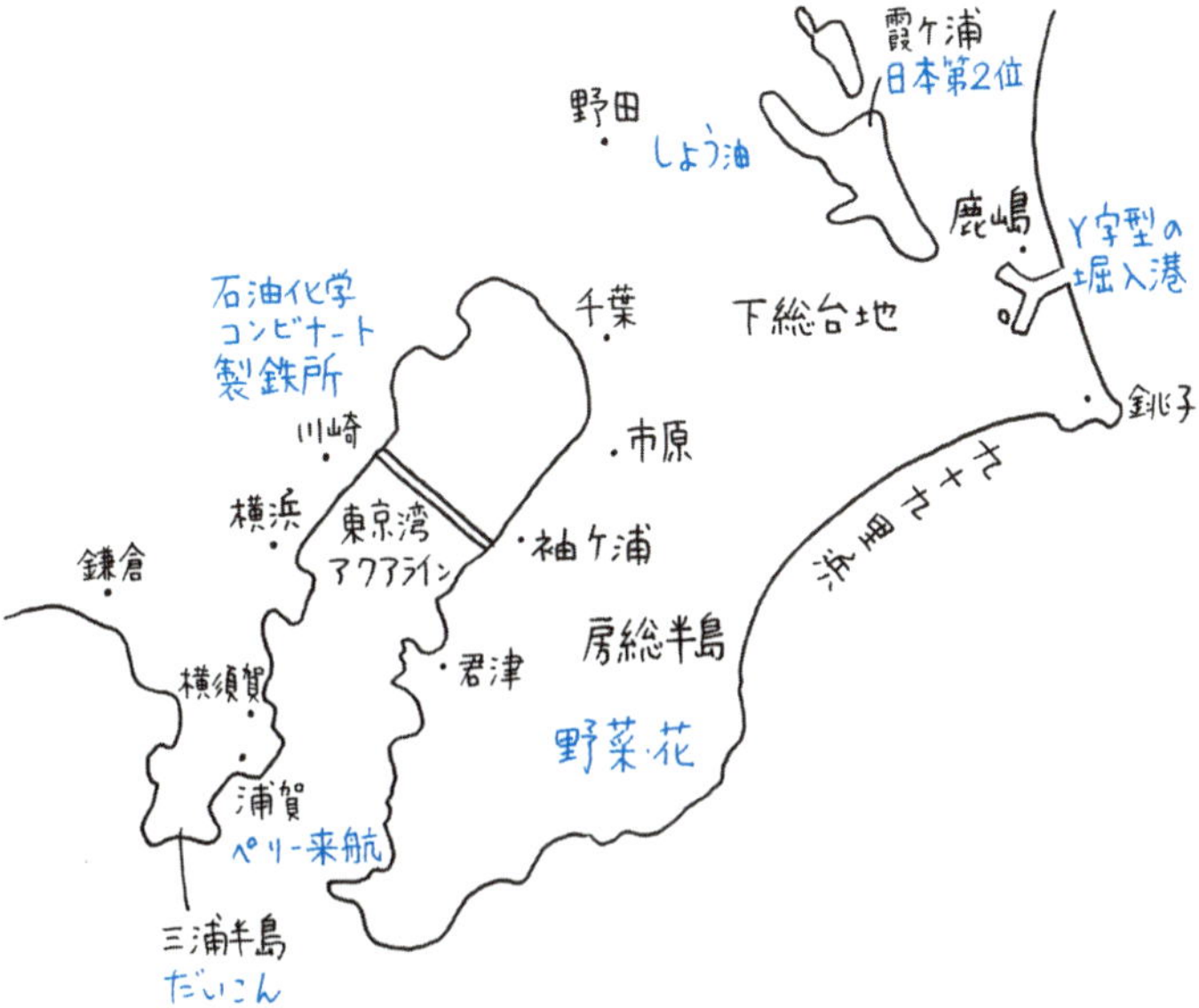

Q 07

【社会】社会の暗記を手伝っているときって、ヒントをあげてもいいの？

社会はヒントの与え方を工夫せよ！

社会の知識を確認しようと「口頭試問」をおこなっている時、どうしても思い出せず「頭文字は？」などと子どもがヒントを求めるケースもあるでしょう。その時に子どもの求めに応じず、ヒントを出さなかったりすると、そこでまた親子ゲンカが始まってしまったりします。子どもに気持ちよく学習させるために、ヒントって与えてもよいものなのでしょうか。

このご質問にお答えする前に、みなさんに一つ逆に質問をしたいと思います。皆さんは「勉強」というと具体的にどのような行為を指すと思いますか？　多くの親御さんが「机に座って、テキストを開いて、問題集を解いて、たくさん書いて覚えて……」というような回答をされると思います。

何が言いたいのかというと、皆さんの持っている「勉強」に対するイメージは、型にはまってしまっていることが多い、ということです。実は教師の中にも、子どもに勉強をさせる時に、「とにかく問題をたくさん解け」とか「たくさん書きなぐって覚えろ」といった、一昔前の教育法をずっと引きずっている人が多いものです。

しかし算数・国語・理科・社会・英語と科目の性格が違う以上、勉強のやり方が一つであろうはずはありません。さらに言えば同じ科目であっても、例えば理科の生物分野を学習するのと化学分野を学習するのとでは、やり方がまるで違うのです。

例えば社会や理科の知識編は暗記学習が中心となりますので、声を出しながら学習したり部屋を歩き回ったりしながら覚えます。歌にして覚えたりすると効果的です。それゆえ騒がしい学習になります。記憶はリラックスした状態の方が定着しやすいのです。心身ともにリラックスしている時にはアルファ波と呼ばれる脳波が出されます。

このような状態の脳はさかんにベータエンドルフィンというホルモンを分泌します。ベータエンドルフィンは「脳の快感物質」とも呼ばれ、心身のストレスを低減したり脳を活性化させたりする働きがあるのです。アルファ波をよく出すために、自室で音楽をかけながら勉強するのも効果的です。また家族と一緒に覚えるのも効果的なので、夕食を待つまでの空き時間にリビングで学習するのもよいかもしれません。場所を選ばないのが暗記の学習の特徴です。

一方、国語の読解問題の場合、文章を集中して読まなければいけませんので、家族の話し声やテレビの音など雑音の多いところでの学習は向きません。リビング学習が一時もてはやされましたが、国語の学習にははっきり言ってリビング学習は不向きです。

算数の「○○算」などのパターン学習や理科の計算分野は、作業や解法の流れを身につけていくため、繰り返し繰り返し学習する必要があります。スポーツや音楽にとても良く似ています。ですのでそばで叱咤激励してくれるコーチがいた方がはかどったりします。お母さんと一緒に勉強したり、塾の自習室で学習するのが向いている科目ですね。一方、思考力を問うタイプの問題の場合、ひらめきが重要となりますので、静かな音楽が流れる部屋や鳥のさえずりの聞こえる高原の別荘などでおこなうのがいいのです。散歩しながら算数の問題を考えるのもいいでしょう。小説家や音楽家は、アイデアに詰まった時はよく散歩をするといわれますが、ひらめきを得るには散歩はとても効果的なのです。突拍子もない学習法かもしれませんが「算数の問題を解くためにちょっと外を散歩してくる」なんてことがあってもいいのです。

以上を踏まえると、社会の暗記は自室でもOKですが、リビングなどで家族と一緒にするのも効果的ということになります。**お母さんが問題を出して子どもがそれに答える、いわゆる口頭試問をおこなうと暗記は促進されます。**この時、子どもが答に詰まったら、ヒントを与えるべきなのでしょうか。Q09では「算数はできる限りヒントを与えないで」という話が出てきますが、社会で詰まった場合には頭の中にある記憶を引き出すことができないわけですから、算数のように「問題文をもう一度読む」ことでどうにかなる話ではありません。

では社会において、暗記を促進させるうまいヒントの出し方はあるのでしょうか。

この場合には、引き出したい言葉の説明をしてあげるのがよいでしょう。例えば「大政奉還」という言葉が答えの場合には、「江戸幕府が持っていた大きな政治権力を天皇に還し奉ることよ」などとヒントを出せばいいわけです。こうすることで得られる情報が増え、より記憶を引き出せるようになるのです。またその言葉の意味も明確になって一石二鳥です。

歴史年号なら他の年号から連想させるのがよいでしょう。例えば「慶長の役（豊臣秀吉の2回目の朝鮮出兵）は何年？」という問いに対して子どもが全く記憶を引き出せない場合には、「じゃあ関ケ原の戦いは？」と聞いてみてください。関ケ原の戦いは西暦1600年ととても覚えやすい年号となっています。関ケ原の戦いがなぜ起こったのかというと、豊臣秀吉が死んで、徳川家康が権力を握ろうとしたからですよね。だから秀吉が死んだのは1600年の直前ということになります。そこから連想して1597年という年号が出てくれれば上出来でしょう。

ヒントの出し方一つにも工夫が必要ということですね。うまいヒントが出せれば、子どもの暗記も促進されます。頑張ってくださいね。

社会はヒントの与え方を工夫して

社会のヒントは具体的に！
時には部屋を歩きまわりながら覚えさせよう！

Q 08

【算数】算数に暗記は必要ですか？どのような内容を暗記すればいいのでしょうか？

もちろん算数にも暗記が必要

塾の先生の中には「算数は考える力が問われるので、暗記科目とは対極にある」とおっしゃる方もいらっしゃいます。確かに最近の入試では考える力を問う問題が出題される傾向は強まってはいますが、思考力重視とはいえ、試行錯誤の末に解法を思いついた後には、習った手法を用いて答えを導き出していくわけですから、0から100まで思考力のみで問題を解くわけではありません。

62ページには2018年の駒場東邦中学の入試問題を掲載しています。例えば4の

（2）ですが、a．無駄なく5マス塗りつぶす場合と、b．1マス無駄が出る場合とに「場合分け」をした後、b．の場合については「順列の公式」を使って解いていくわけです。この場合「場合分け」「順列の公式」については、算数の暗記項目となります。

また、ほとんどの学校では「旅人算」とか「つるかめ算」といった、中学受験特有の文章題が出題されています。「特殊算」と呼ばれるこれらの文章題には一定の解法があり、それにのっとって解いていくと、イチから解法を考え出して解くよりもずっと速く解答にたどり着くことができます。例えば慶應義塾中等部では45分間の試験時間で20問近くの小問を解かねばならず、1問にかけられる時間は2分ちょっとしかありません。とてもイチから解法をひねり出している余裕はなく、あらかじめ覚えていた解法を瞬時に思い出し解かなければ間に合いません。どれだけ解法パターンを暗記しているかが合否を分けるといっても過言ではないのです。

ではいったい、算数における覚えるべき解法パターンは、どのくらいあるのでしょうか。「仕事算」「消去算」といった特殊算と呼ばれるものについてはだいたい20個ほ

4

右ページの図1のように5×5四方のマス目の中央が塗《ぬ》りつぶされ，残りのマスに1から24までの番号が順番に書かれたカードがあります。また，1から24までの番号が1つずつ書かれたボールが入っている袋《ふくろ》があります。この袋の中からボールを1つ取り出し，ボールに書かれた番号と同じ番号のマス目を塗りつぶすという作業を繰《く》り返します。一度取り出したボールは袋には戻《もど》しません。カードのたて，よこ，ななめのいずれか一列の番号が全て塗りつぶされたとき「終わり」とし，作業を終了します。例えば図2，図3のように取り出すと「終わり」となります。

1	6	11	15	20
2	7	12	16	21
3	8		17	22
4	9	13	18	23
5	10	14	19	24

図2
3 - 8 - 17 - 15 - 19 - 24 - 22
の順にボールを取り出す

1	6	11	15	20
2	7	12	16	21
3	8		17	22
4	9	13	18	23
5	10	14	19	24

図3
1 - 2 - 3 - 4 - 24 - 5
の順にボールを取り出す

(1)作業をちょうど4回繰り返して「終わり」となるとき，塗りつぶされた数字の組み合わせは何通りあるか求めなさい。

(2)作業をちょうど5回繰り返して「終わり」となるとき，塗りつぶされた数字の組み合わせは何通りあるか求めなさい。

(3)作業を19回繰り返したとき，1が書かれたマス目は塗りつぶされず，さらに「終わり」となりませんでした。このような場合は全部で何通りあるか求めなさい。またそれらの中の1つを具体的に答えなさい。ただし，**塗りつぶされずに残った**すべての数字に○をつけなさい。

ど、これ以外にも「割合の問題」とか「食塩水の問題」「相似の図形」「水量変化」などさまざまな解法パターンが存在し、数え方にもよりますがその総数は180ほどにものぼります。これらをいったいどのようにして頭に入れていけばよいのでしょう。

算数の解法暗記は、社会の年号暗記や理科の生物分野の暗記とは、やり方が少々異なり、どちらかというとスポーツや楽器の演奏に近いものがあります。例えばバスケットボールのシュートの場合「両足を肩幅程度に開き、利き手側の足を少し前に出し、ヒザは軽く曲げ、ヒザを伸ばしながら腕を斜め前上方に突き出し、身体のバネを使ってゴールに向けて真っすぐにボールを飛ばす」という一連の動作を何度も何度も繰り返し練習することで、頭ではなく身体に染み込ませていきます。

実は算数でも、この「繰り返し練習」というのがとても重要となります。類題を何問も何問も繰り返し練習することで、頭で考えずとも身体が勝手に動いてくれるようになるわけです。この時、より「身体に染み込ませる」ために、ある方法を用いると効果的です。それは「図をかく」ということです。図をかきながら問題を解く訓練を積みますと、頭で一生懸命暗記しなくても解法パターンを暗記することが可能となっていきます。

そして図がかけるようになると、それによる副次的効果も期待できます。「図をかく」というのは「車のキーを回す」のによく似ています。すなわち問題を解く際にたとえ解法が思い浮かばなかったとしても、**とりあえず図をかいてみることによって脳のエンジンが起動して、解法が思い浮かぶ**ということがあるのです。

「和差算」や「倍数算」なら線分図を、「出会い算」や「追いかけ算」なら状況図やダイヤグラムを、「通過算」なら電車の図を、「食塩水の問題」ならビーカー図を、「つるかめ算」や「差集め算」なら面積図をかいて解きます。180もの解法パターンをバラバラに暗記していくのではなく、図のかき方の類型によって大まかに分類していけば、覚える手間もだいぶ省けます。自分なりに分類してみるのも、暗記の手助けになると思います。

ぜひこの「図をかきながら解く」を実践してみてください。

図はかき方を統一する

たとえば通過算なら…

電柱の前を横切る

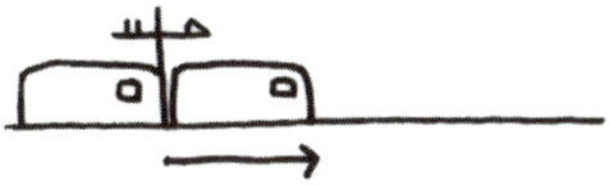

鉄橋をわたる

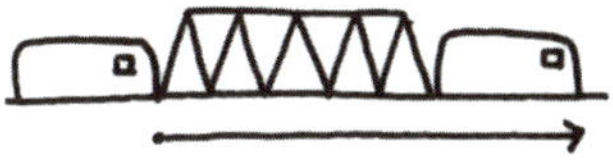

トンネルを通り抜ける

たとえば食塩水の問題なら

食塩水どうしをまぜる

食塩水に塩を加える

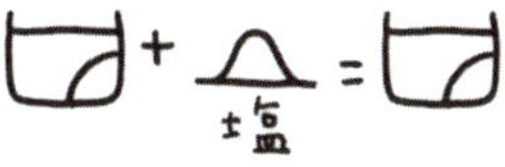

食塩水に水を加える

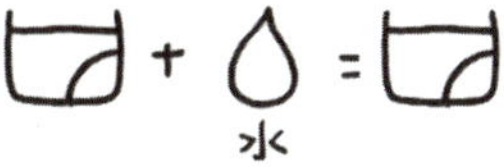

食塩水を蒸発させる

Q09

【算数】すぐにヒントを欲しがるんです。ヒントってあげてもいいの？

算数の力を高めたいならヒントは絶対に与えるな！

家庭学習で算数の宿題などをやっていて、解き方がわからなくなるとすぐにヒントを求めるという子どもは少なくありません。その上自分からヒントを求めたくせに、説明してあげると、やれ「わかりにくい」だの「塾の先生とやり方が違う」だのと文句をつけてくるので、それが原因で親子の間に険悪なムードが流れる、というのも中学受験あるあるだと思います。

「ヒント」と「できる子」との関係について、もし全国の塾の先生にアンケートをとることができたなら、ほとんどの先生方は答えが一致すると思います。それは「できる子ほどヒントは欲しがらない」ということです。算数の問題演習時に私が子どもたちに「ヒントを出そうか？」と聞くと、算数が得意な子は「出さないでー！」と絶叫したりします。彼らにとってヒントを出されるということは、その問題を「殺す」に等しい行為なのです。

できる子というのは、自分ひとりの力で問題を解決することに最大限の喜びを見出し、そこにプライドをかけています。人からヒントをもらえばたとえ正解にたどり着けたとしても、価値を持たないのです。だから必死に考えるし、そうやって「考える」ことで脳が鍛えられ、頭がよくなっていくわけです。

「できる子ほどヒントは欲しがらない」という理屈に従うなら、ヒントを欲しがる我が子は「できない子」なのでしょうか。いえ、そうとは限りません。ヒントを欲しがるのはその相手に甘えたい欲求があったり、心を許したりしているということで、欲しがるからダメな子どもであるということにはなりません。

しかし一方で、ヒントばかり与えていたら子どもの能力は伸びていきません。脳の神経細胞ネットワークは刺激が与えられたときにのみ発達・成長するわけですから、労せず解ける問題ばかりを解いていてはダメなのです。問題を解くときに脳をギューッと絞って苦しんで、正解にたどり着いたときに大きな喜びを得て初めて、脳が刺激をうけるのです。「なんだっけー」と頑張って記憶をたどったり、「あーでもないこーでもない」と頭を使って試行錯誤することが大事なわけです。

特に算数では、最初の一歩がとても大変だったりします。正解まで10段のステップがあるとして、1段目から10段目まで上がっていくのは実はそう難しいことではありません。方針が立ってしまえばあとは流れで解けるものです。しかし0段目から1段目に上がる最初のステップがとても大変なのです。そこをなんとかひねり出すことが算数の勉強なのです。そこでヒントを与えられてしまうと、次もまた同じところでつまずいてしまうようになります。

では子どもがヒントを求めてきたらどうすればよいのでしょう。このような時にうまい声かけがあります。「問題文を3回読んでみて」と言うのです。子どもは面倒くさがりますが、子どもが算数の問題を解けない原因の多くは、問題文をきちんと読んでいないことによるのです。問題文をよく読んでいない子というのは、解くのに必要な条件を読み落としていたり、問題の意味そのものを分かっていなかったりします。

私も教室で子どもたちからヒントを求められたときに、「まず問題文をよく読んでみなさい」と指示を出します。「読んでもわからない」と言ってきたときには「もう1度読んでみて」と言います。また泣きついてきても「もう1回、しっかり読んでみよう」と粘り強く言い続けます。すると子どもは「あ、わかった」と言って問題が解けたりします。

このように、**ヒントそのものは出さずに問題文をよく読むというアドバイスだけを与えると、それだけで問題が解けてしまう**ことがよくあるのです。そしてこの「ヒントは出さずにアドバイスだけを与える」というやり方には、もう一ついいことがあります。それは「自力で解けた」という達成感を持たせることができるということです。

人間というものは自らの力でそれを成し遂げた時に、ものすごく大きな達成感を得ます。登山家が、途中苦しい思いをすることがわかっているのに、険しい高峰の頂を目指すのも、この何物にも代えがたい達成感を得るためです。東京マラソンには毎年30万人以上の人々がエントリーをしますが、市民マラソンにこれほど多くの参加希望があるのは、もちろんお祭り騒ぎを楽しむという目的もあるでしょうが、それ以上に「苦しいことを乗り越えた先の達成感」を得たいという欲求があるからでしょう。一度これを得てしまった人間は、どんなに苦しいことにも立ち向かっていけるようになるのです。困難なことにぶつかった時に以前の経験を思い出して、アドレナリンが分泌され、モチベーションが勝手に上がっていくからです。

子どもをそのような状態にできれば、あとは勝手に勉強しますから親としてもこんなに楽なことはありません。まずは自力で解かせること、そしてその小さな成功体験を積み重ねさせることが大切です。

算数は極力ヒントを与えない

算数はできる限り自力で解かせましょう。
ヒントを与える時も与えすぎないように！

Q 10

【理科】理科の植物などに全く興味がないのですが

子どもと一緒に料理をしよう！

74ページに掲載されている問題は、女子御三家中の一角・女子学院中学で過去に出題されたものです。みなさんは果たしてこの問題を解くことができるでしょうか。この問題ではサクラ（バラ科）・ヘチマ（ウリ科）・ユリ（ユリ科）・アブラナ（アブラナ科）・アサガオ（ヒルガオ科）それぞれの花の構造（花びら・ガク・めしべ・おしべの数）や芽生えの様子などを知識として知っておく必要があります。アブラナ科の植物のおしべの本数は６本ですが、このうち４本は長く２本は短くなっています。こうした細かい知識まで、この問題では必要とされています。

入試問題において、細かい知識問題を出題する理由はたった一つです。「あなたはどのくらい覚える力（暗記力）がありますか」ということです。医者になるにも弁護士になるにも国家試験というものをクリアしなければなりません。それには膨大な量の知識を頭に入れる必要があります。「そういう素地をあなたは持っていますか？」と問われているわけです。あるいは「暗記力をきちんと使えていますか？」と聞かれているわけです。

「暗記力」がなければ、医者にも弁護士にもなることはできません。建築士にもパイロットにもなれません。もちろん必要なのは「暗記力」だけというわけではありませんが、そもそも知識が頭に入っていることが大前提です。それゆえ現代の「考える力重視」の風潮には疑問を感じざるを得ません。「暗記力」「思考力」「表現力」をバランスよく高めていく教育こそ、真に必要な教育であると私は考えます。

ところで入試における知識問題では、その情報の正確さは問われても、情報をインプットする方法については特に問われていません。丸暗記だろうが何だろうがそれは構わないわけです。しかし単なる丸暗記ですと時間が経つにつれて記憶が薄れてしま

Ⅰ

1　1図はサクラの花をたてに切った断面図である。2図は花のそれぞれの部分が，中心からどのような位置に並んでいるかを表した図である。

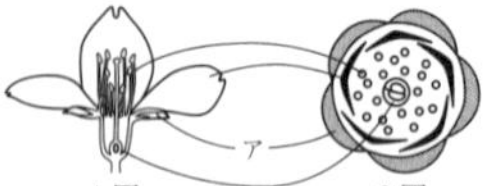

1図　　2図

(1) アの部分は何か。名前を書きなさい。

(2) ヘチマのめ花を2図のように表したものを，下の図から選びなさい。

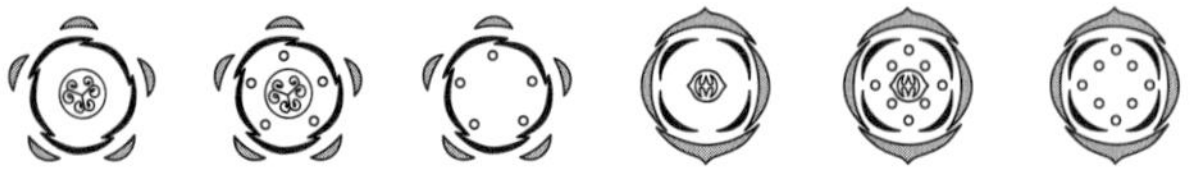

ア　イ　ウ　エ　オ　カ

(3) ユリの花を2図のように表したものが3図である。花びらは何枚ですか。

(4) 下の文の(　)にあてはまることばを入れなさい。

おしべでつくられた花粉がめしべの先の(①)につくことを(②)という。(②)するとめしべのもとの(③)が大きくふくらみ実となる。

3図

2　アブラナについて次の問に答えなさい。

(1) おしべについて正しく書いてあるものを1つ選びなさい。

ア　4本が長く2本が短い　　イ　2本が長く4本が短い

ウ　4本で同じ長さである　　エ　6本で同じ長さである

(2) がくについて正しく書いてあるものを1つ選びなさい。

ア　がくの色は茶色　　イ　がくの色は濃い緑色　　ウ　がくの色は黄色

エ　がくはない

(3) 花びらの枚数とつき方を正しく表した図はどれですか。

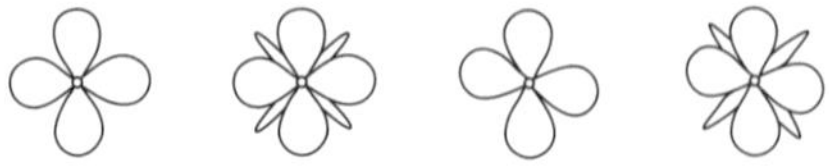

ア　イ　ウ　エ

3　アサガオについて次の問に答えなさい。

(1) めばえの様子をかいた図はどれですか。

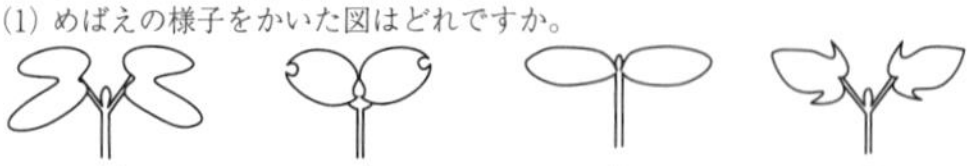

ア　イ　ウ　エ

(2) 花について次の文のうち正しいものの組み合わせはア～クのどれですか。

①　花は，くきの下の方から順番にさいていく。

②　花は，くきの上の方から順番にさいていく。

③　朝開いて，昼ごろにはしぼんでしまう。

④　朝開き，昼ごろしぼみ，次の朝になると再び開く。

⑤　花粉の色は黄色。

⑥　花粉の色は白。

ア　①③⑤　　イ　①③⑥　　ウ　①④⑤　　エ　①④⑥　　オ　②③⑤

カ　②③⑥　　キ　②④⑤　　ク　②④⑥

う確率も高く、また他に覚えることが膨大に存在するため、効率的とは言えません。

そこで記憶に残りやすい「語呂合わせ暗記法」や「頭文字暗記法」（Q20）などを活用することになるわけです。例えばキク科の植物は「晴れた日にゴキブリよく出る（ハルジオン・レタス・タンポポ・ヒマワリ・ヒメジョオン・ゴボウ・キク・ブタクサ・ヨモギ・ダリア）」と覚えたり、陰生植物なら「かげからあやしいやつかしら（アオキ・ヤブラン・シイ・ヤツデ・カシ）」などと語呂合わせで覚えたりすると、確かに覚えやすいということはあります。

しかしそれ以外にも、植物分野を学習するときには、もう一つとても有効な学習法があるのです。それがズバリ「料理をしながら暗記する」です。

例えば野菜カレーを作ることを考えてみます。具材としてタマネギ・ニンジン・ジャガイモという定番野菜の他に、ナス・パプリカ・トマトを入れてみましょう。実は「ジャガイモ・ナス・パプリカ・トマト」はすべてナス科の植物なのです。これらを料理して食べれば、ナス科の植物4種は絶対に頭に入ります。

また近年、野菜を輪切りにした問題も、多くの学校で出題されています。例えば武蔵中学ではピーマンの断面が、鷗友学園女子ではキャベツの断面が、慶應中等部や渋谷幕張中学ではタマネギの断面が出題されました。これは植物の例ではありませんが、浦和明の星女子では魚の頭を切り落としたときの断面図の問題が出題されています。

図鑑で覚えるよりも料理をしながらいろいろな食材を切って断面を観察する方が確実に頭に入りますし、何より記憶に残りやすいですよね。さらにお母さんと一緒に料理の買い物に出かけ、ブロッコリーを買いながら「これは花のつぼみなのよ。アブラナ科の植物で黄色い花が咲くのよ」などと言いながらスーパーを巡れば、それはもう立派なフィールドワークです。何より、机に向かっての学習よりもずっと楽しく学べるはずです。ぜひお子さんと一緒に、料理を楽しんでみてください。

植物分野は料理で覚える

一緒にスーパーに
買い物に行き、
食材を見ながら
覚える

野菜や魚を切って
断面を観察する

家族でおいしくいただく

Q 11

【思考力】思考力が求められる時代に、暗記って必要？

そもそも知識がなければ深い洞察も議論もできない

「子どもたちにはまず思考力を身につけさせるべきだ」「いやいや基礎的な知識を覚えこませるのが先だ」こうした議論は長年教育業界でなされてきました。現在ではやや「思考力」の方が優勢であるようで、思考力を身につけさせるための教育カリキュラムが重視されている状況です。しかし果たしてこの「思考力」と「記憶力」とは、二律背反なのでしょうか。

そもそも「思考力」とはいったい何でしょうか。

例えば数学の未解決問題の一つである「リーマン予想」の証明を考えてみましょう。これは過去の偉大な数学者たちが束になってかかっても解くことのできなかった、極めて高度な思考力を要する命題ですが、これを解こうと思ったら膨大な数の数学的公式を覚えていなければなりません。「リーマン予想」とは、「リーマンゼータ関数が負の偶数と実部が１／２の複素数にしか零点を持たないという予想」のことだそうですが、「実部」とか「複素数」といった数学の基礎知識すらない者にとって、「リーマン予想」とは何であるか、そもそもを理解することも難しい。バリバリ文系人間である私にとっても、当然ながら「リーマン予想」なるものの意味からして不明です。思考力を組み立てる上で、まず知識がきちんと頭に入っていることが大前提となるということがよくわかりますね。

「思考力」とは「観察や経験によって脳に記憶されたさまざまな情報を、お互いに関連づけ、新しい関係・概念・法則を見つけ出す力」であると定義されますが、それが知識量によって裏付けられることがよくわかります。「思考力」と「記憶力」とは、二律背反では決してないのです。

ところが最近の教育では、この「知識を習得する」ということが軽視される傾向にあります。塾や予備校には「お子様の思考力を伸ばします」という謳い文句があふれ、文科省も「思考力・判断力・表現力」を重視する教育方針を打ち出しています。ある塾の広告には「考える力さえあれば人生の荒波を乗り越えていける」とあります。考える力だけあっても、例えばパズルを解く力だけあっても、知識がなければ人生の荒波を乗り越えることはできないと思うのですが、あたかも「記憶力・暗記力」というものは、「思考力」より下位の能力であるかのような扱いです。

しかし考えてもみてください。例えばあなたがガウディのような一流建築家を志したとします。バルセロナにあるサグラダ・ファミリアのような奇抜で斬新なデザインの建物を建てたいと思った時に、思いつくままをイラストに描けばいいというものではありません。空想の世界の話ならまだしも、現実に建物を建てるためには、基礎物理学から始まり、建築学だけでなく機械工学、電子工学、土木工学などの知識が必要となるでしょう。また実際に建物が建てられる設計図を手にしたとして、今度は建築基準法などの法律にも精通していなくては、自らが考えた世界唯一の建造物を、現実世界に出現させることは不可能なはずです。

最近ではどうもこの「思考力」という言葉が一人歩きしているような気がしてなりません。もちろん「思考力」は大切ですが、それを下支えする「知識力」をないがしろにすることは、かえって子どもたちの将来の「思考力」を形骸化させてしまう危険性をはらんでいるように思います。そして「知識力」をさらに下支えするのが「暗記力」であるはずです。

例えば高度な数式を成り立たせる根本は「1＋1＝2」という小学校1年生で習う数学の基礎の基礎です。しかしこれは突き詰めて考えると実は不思議な話ですよね。「1＋1」がなぜ2になるのか、私たちのほとんどは証明できません。そう思い込まされているにすぎないのです。しかしそれを納得しなければ私たちは小中学校で習う算数や数学の計算ができなくなってしまいます。

最初の第一歩は「覚える」ことなのです。

そうやってさまざまな計算方法や数学的公式を覚え、充分に数式が扱えるようになってから、高等数学の世界で「1＋1」はなぜ2になるのかを「思考」することが可能となるわけです。

学習の基本は「覚えること」です。「思考力」こそが学習の根本であるだなんて、思い上がった詭弁です。子どもにいきなり真剣を持たせて振り回させたら、危なくて仕方ありませんよね。そもそも基礎体力のない子どもが重たい真剣を振り回せるはずもありません。どんな学びにも最初の一歩があり、基礎訓練があるものです。いきなり「思考力」を鍛えようとすることは、子どもに真剣を振らせるがごとき暴挙であると私は断言します。

私は「思考力」を鍛えることが無駄だと申し上げているわけではありません。例えばルービックキューブやジグソーパズルなどで、試行錯誤する能力を鍛えるのはとても良いことです。しかし四六時中パズルばかりをやっていてはダメです。将来一流になりたいと考えるならば、「考える力さえあれば人生の荒波を乗り越えていける」だなんて言い訳をするのはやめて、覚えることから逃げてはいけないと言いたいのです。「暗記」こそ学びの原点なのですから。

思考力と知識力

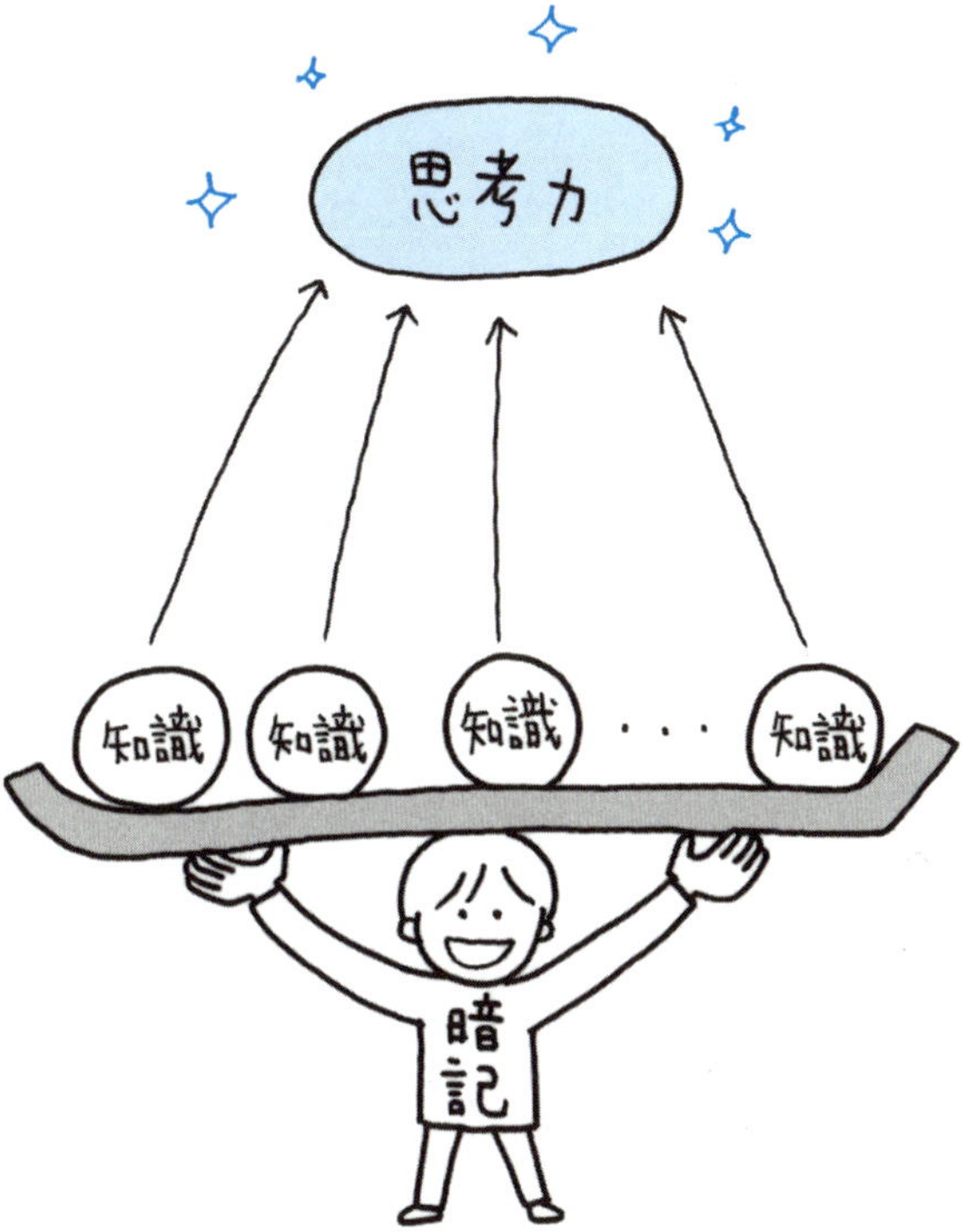

思考力を裏付けるものは知識量、そして
その知識量を下支えするのが暗記力(記憶力)

Q 12

【思考力】記述問題が不得意です。記述と暗記は関係ないですよね？

記述問題でもやはり暗記は必要です

少し言葉の整理をしておきましょう。「暗記」というと「丸暗記」を思い浮かべて、「そんなのは本当の学びの姿ではない！」と全否定される方も出てきます。しかし「暗記」と「丸暗記」は似ていますが微妙に違います。「丸暗記」とは情報をそっくりそのまま全部覚えることで、「暗記」とは丸暗記も含みますが、一般に「覚えること」を指します。覚えることそのものを否定してしまったら、学習すること自体が不可能になってしまいます。学習するとはその大部分を「覚えること」で占められているからです。

第二次大戦前後の年表

●1931年	柳条湖事件
●1932年	リットン調査団派遣 満州国建国 五・一五事件
●1933年	国際連盟脱退
●1936年	二・二六事件
●1937年	盧溝橋事件 日中戦争勃発
●1938年	国家総動員法
●1939年	第二次世界大戦
●1940年	日独伊三国軍事同盟 大政翼賛会成立
●1941年	ABCD包囲陣完成 日ソ中立条約 ハルノート提示 太平洋戦争勃発
●1942年	ミッドウェー海戦
●1943年	イタリア無条件降伏
●1945年	ドイツ無条件降伏 広島・長崎原爆投下 日本ポツダム宣言受諾

では「丸暗記」は意味のないことなのでしょうか。例えば85ページの年表を覚えることについて考えます。年号と出来事を「丸暗記」することは不可能なことではありません。しかしお互いの出来事の関連性について考え、物語を作りながら覚える方が頭に入りやすいですし、そうして身につけた知識は「生きた知識」として、考察をするうえでも役立ちます。つまり「丸暗記」するよりは「一つ一つの意味を考えながら暗記していく」方が役に立つうえに記憶にも残りやすいということになります。

本項のテーマである「記述問題でも暗記は必要か」という問いに対して、私が「必要である」と強く主張するのには、このことが大きく関係しています。

例えば「なぜ太平洋戦争が起こったかについて日中戦争に言及しながらのべよ」という記述問題が出題されたとします。これを論理的に記述するためには、出来事と出来事の関連性についていてきちんと覚えていなければなりません。ただ年表に従って記述するだけでは、太平洋戦争が勃発した理由を説明できませんし、ましてや日中戦争との関連性を指摘することもできません。

逆に全く年表に触れない答案はどうでしょうか。それでは歴史的背景を知らないと思われてしまいますし、第一説得力を持ちませんよね。**記述問題を解くためにはそれを裏打ちする知識力がどうしても必要となってくるわけです。**

理科の記述も同様です。理科ではグラフや表などを見て考察させたり、自然科学の様々な現象について考えさせるタイプの記述問題がよく出題されますが、やはりベースになるのは知識量です。左記は２０１８年の女子学院中学の入試問題です。

> アマゾンの熱帯林で進む森林伐採は、地球環境に様々な影響を与えるのではないかと考えられている。その一つはこの地域の降水量の減少である。降水量が減少すると考えられる理由を説明しなさい。

この問題を解く時には、まず「植物が蒸散という作用をおこなっていること」「雨とは空気中に溶けている水蒸気が水滴となって落ちてくるもの」という二つの基本的な理科の知識が必要となります。別々の単元で学習する二つの知識を組み合わせて解答するわけですが、片方でも抜け落ちていると論としては成立しませんので、やはり理科の記述においても「暗記学習」は必要ということになります。

では国語の記述はどうでしょう。多くの国語の記述問題には、「30文字以内で説明せよ」などの制限字数というものが設定されています。この字数内でおさめるには、それなりのテクニックが必要となります。

例えば「過去の大きな失敗に対して自らの未熟さを自覚し大変恥ずかしく思う」ということを書きたいが25字以内という制限があり字数オーバーしている場合に、字数を少なくするテクニックを用いるのが一般的です。字数を少なくするには、同じ意味の他の単語で置き換えるテクニックが役立ちます。この答案なら波線部分を別の言葉に換えて「過去の大きな失敗に対してじくじたる思いがする」と書けば、制限字数以内に収まりますね。言葉をたくさん知っていること、すなわち語彙力が記述力を下支えするわけです。

記述問題だからといって、暗記と無縁であるとはいえません。むしろ知識量を軽視すると「思考力」も「記述力」も身につかないのです。

記述力をつけるにも知識は必要

○知識が乏しいと…

日中戦争後に第二次世界大戦が起こり
その後アメリカと日本が対立して
太平洋戦争が起こった。

○知識が豊富だと…

日中戦争がこう着状態におちいった日本は
戦況を打開するためにフランス領インドシナに
南進し、ドイツ・イタリアと三国軍事同盟を
結んだ。これを快く思わないアメリカは
イギリス・中国・オランダとABCD包囲陣を形成し
経済的に封じこめようとした。これに対抗
して日本はドイツ・イタリアと軍事同盟を
締結。アメリカとの対立が不可避な状況
となり、太平洋戦争がぼっ発した。

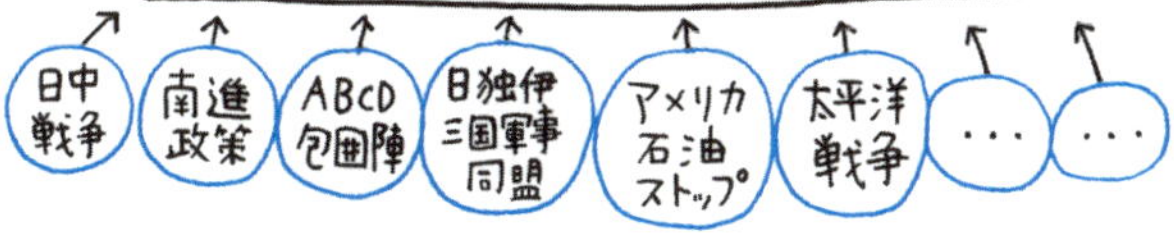

Q 13

【スケジュール】1年後の受験に向かっての、暗記のスケジュールを教えてください

6年生の夏休み前までにすべてのカリキュラムを終えよ！

まず結論から言いますと、**6年生の夏休み前までに、カリキュラムをすべて終えるようにしてください**。カリキュラムを終えるといっても、弱点まで克服しておく必要はなく、ひと通りすべての単元を学んでおいてください、という意味です。最後に半年残すのにはいくつかの理由があります。

まず第一に、入試本番へ向けて実践練習を積み重ねる必要があるということ。野球でもサッカーでもピアノの発表会でも、本番前に練習試合やリハーサルを重ねていき

ますよね。実戦感覚を磨いておかないと本番で充分力を発揮できずに終わってしまうこともあります。そのために実践練習が必要なわけです。では受験における実践練習とはいったい何でしょうか。それが模擬試験や過去問演習ということになります。

第二に弱点克服や抜け単元を埋める期間がどうしても必要ということです。学習には必ず濃淡が生じます。ものすごく気分が乗っているときに学習した内容はしっかりと頭に入っているでしょうが、いい加減にやっていたり気分が乗らなかったりした時の学習は、抜け落ちているところがたくさんあるはずです。また苦手単元をもう一度学びなおす必要もあるため、時間的余裕を持ってカリキュラムは夏休み前にいったん終えておくのがよいのです。

具体的にお話ししていきましょう。まず社会ですが、記述の出題が多い学校を受験する場合、子どもたちの心理としてどうしても「記述中心なのだから細かい知識は必要ないのでは？」と考え、知識をさぼりがちになってしまいます。しかしこれはQ12で説明した通り大きな間違いです。記述の説得性や論理性は、裏打ちされる知識量の多さに比例します。例えば「江戸幕府が鎖国政策をおしすすめた理由を答えよ」という問題で、「キリスト教の考え方が幕府と合わなかったことと、貿易の利益を幕府が独占するため」とざっくり書くのと、「この時期にポルトガルはマカオを拠点として中国や日本との貿易を、スペインはフィリピンとの貿易をおしすすめ、東アジアに進出してきた。幕府はこの2国の領土拡大に対する野心を嫌い、この2国との貿易を制限することで2国の日本への影響を制限しようとした。また両国ともキリスト教を布教しながら領土拡大を企図しており、国内においてもキリシタン大名の増加や1637年の島原の乱など、キリスト教をめぐる混乱が生じていたため、これを機会にキリスト教を排除しようとした」と詳しく記述した場合での印象はいかがでしょうか。学校によっては100文字や200文字で記述させる問題が出題されるため、脆弱な知識量ではとても字数が埋まりません。記述を充分訓練するためにも、夏休み前までにひと通りの知識は頭に入れておく必要があります。

では記述の出題がない学校を目指す場合はどうでしょう。例えばこれは吉祥女子中学の入試問題ですが、皆さんは正解がどれかおわかりになりますか?

鎌倉時代について述べた文として正しいものを次のア〜エから一つ選び、記号で答えなさい。

ア　鎌倉幕府は、中央に政治一般をあつかう問注所（のち政所）や、裁判に関する仕事を担当する公文所を設置した。

イ　鎌倉幕府の将軍は、源頼朝から子の源頼家、さらに孫の源実朝と受けつがれたが、実朝が暗殺され、源氏の将軍はわずか3代で途絶えた。

ウ　鎌倉時代は農業技術が発展し、西日本では米の裏作として麦などを栽培する二毛作が行われるようになった。

エ　鎌倉時代は多くの優れた和歌がよまれ、後鳥羽上皇の命令によって『古今和歌集』が編さんされた。

「え？　鎌倉時代ってこんなに難しいの？」そう感じた方も多いのではないでしょうか。これが現在の中学受験の姿なのです。

いまや中学受験の上位校の社会は、お父さんお母さん世代の大学受験の社会に匹敵するレベルなのです。夏休み前までにひと通り学習を終え、夏休みで全単元を復習し、

9月～12月でもう一周、そして冬休みと1月に最後もう一回りして知識を完成させていく計画でなければ、到底間に合わないと考えてください。

続いて理科です。中学受験の理科は最近の出題傾向として大きく3タイプに分類されます。まず一つが知識系の問題。これには当然社会と同様の暗記対策が必要で、できれば夏休み前にひと通りの学習を終えておきたいところです。もっとも最近の傾向としては単純な記憶を問うタイプの問題は減少傾向にあるようですが。

次のタイプが「計算問題」です。化学反応・溶解度・力学・電流と発熱・天体の運動などさまざまな分野で出題されますが、同一パターンで解ける問題も多く、解法をしっかりと覚えていけばそれほど怖い問題ではないでしょう。得意・不得意の分かれるタイプですが、夏休み以降の練習量がモノを言いますのでまずは基礎を確実に身に着けておくことをおすすめします。

最後が思考系の問題です。これは近年急激にその勢力を伸ばしつつあるタイプの問題で、多くの受験生を悩ませているものでもあります。このタイプの特徴は、テキストには載っていない、受験生が初めて見るものであることがほとんどで、試験の時にさまざまな状況や条件が与えられ、その場で考察して解かなければなりません。つまり事前準備があまり役立たず、考える力のみが問われることとなります。このタイプの問題に対応するには、幼少期からさまざまな自然科学に興味を持ち、熟考を重ねていくことが大切です。また普段からテレビやマンガといった受動的娯楽ではなく、パズルやルービックキューブといった能動的娯楽に親しんでおき、「考える」ことが自然とできるようにしておかなければなりません。

最後に国語の知識についてお話ししておきます。国語の知識は大きく分けて3種類です。一つは漢字や熟語など言葉に関する知識（これはQ01やQ02でご説明しました）、もう一つは文法知識、そして文学作品などに関する知識です。このうち文学作品に関する知識については、社会で暗記していけばほぼ問題ありません。また文法知識については、出題する学校としない学校が明確ですので、志望校の出題傾向に合わせて、学習の軽重を決めていけばよいと思います。場合によっては完全に切ってしまうという選択もアリかと思います。

第2章

脳の仕組みを知れば、暗記はもっとラクになる

Q 14

【脳】覚えたことをすぐに忘れてしまいます。どうすればいいですか？

覚えたことを忘れるのは当たり前。忘れてしまうことをむしろ受け入れよう

世の中というのは不公平なもので、一度覚えたことを一生忘れないでいられる人もいれば、さっき覚えたことも一瞬で忘れてしまう人もいます。私の塾の授業でも、例えば「花びらがくっついているものを合弁花といい、一枚一枚離れているものを離弁花というんだよ」という話をした直後に、「じゃあ花占いができる花はどっち？」と聞いてみると、答えが導き出せない子が少なからず存在します。単に思考力がない、あるいは集中力に欠ける場合もありますが、ついさっきやったことを覚えていられない生徒がいるのも事実です。記憶力・暗記力と呼ばれるものは残念ながら個人差が大

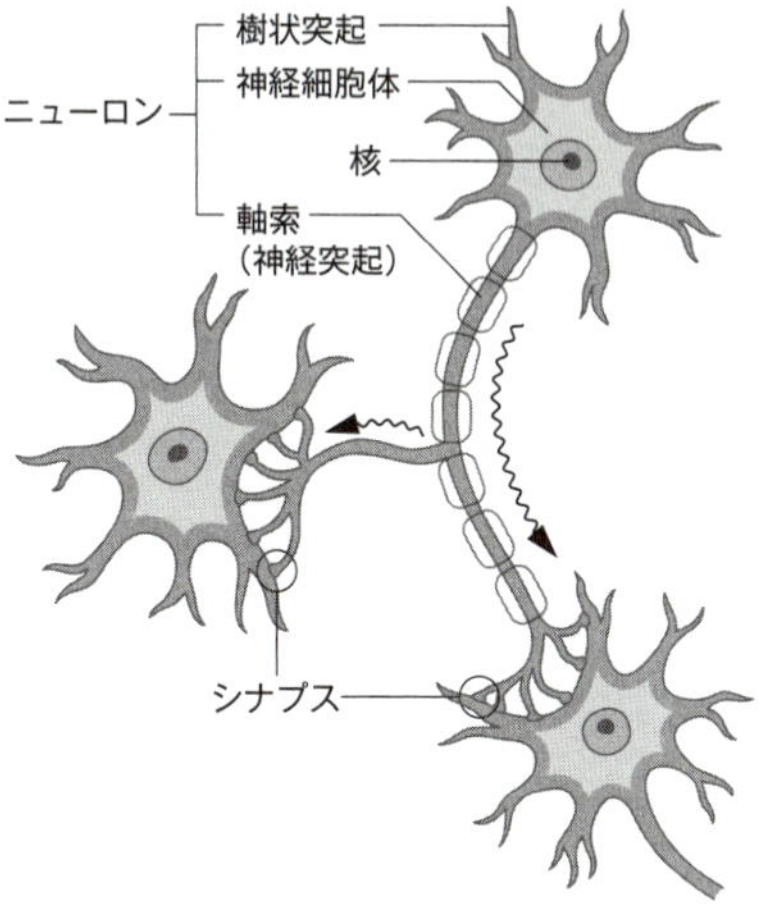

きいものなのです。

ここで記憶のメカニズムについて簡単に説明しておきましょう。脳全体には約1千億個の神経細胞（ニューロン）があると言われています。暗記や学習によって脳を使うと、神経細胞同士のつながり（神経細胞ネットワーク）が太くなったり、新しく形成されたりします。このネットワークこそが「記憶」の正体なのです。

よく「記憶は海馬に保存される」と誤解している人がいますが、海馬は学習などで覚えた情報をいったん整理整頓し、新しい記憶として短期保管する場所です。その後必要なものや強い印象のものが、長期記憶の保存先である大脳皮質にファイルされます。つまり入試などに必要な暗記力は、大脳皮質に作られる神経細胞ネットワークが担っていることになります。このネットワークの量により、暗記の保存量が決まってくるわけです。これは物理的なものなので、残念ながら努力によってしか増やすことはできません。

しかし逆に言えば、努力さえすれば誰でも記憶力を高めることができるということになります。みんながみんなプロ野球選手になれるわけではありませんが、暗記のプロになることは誰にだって可能なのです。

先ほど、「記憶とは神経細胞ネットワークのこと」と書きましたが、神経細胞ネットワークを効率よく増やす方法はないものでしょうか。実はあります。神経細胞ネットワークは電気信号により形成されるので、その電気信号の刺激が強ければ強いほど神経細胞ネットワークはより強固になります。例えば人に殴られた記憶とか、初恋の相手に失恋したことなど、強い刺激を伴う記憶を決して忘れないのはそのためです。

しかし強い刺激というのはなかなか得られるものではありません。誰かに殴られたり、大きな失恋をしたりといった経験がしょっちゅうあったら嫌ですよね。そこで、もう一つの方法を皆さんにはおすすめしたいと思います。それは五感を駆使した暗記法です。五感とは「視覚」「聴覚」「嗅覚」「味覚」「触覚」のことです。

子どもたちの学習の様子を見ていると、ただテキストを眺めているだけの生徒がいます。そうした子はなかなか覚えられないしテストの成績もよくありません。視覚情報だけに頼った学習をしているため、記憶が定着しにくく効率が良くないのです。

先ほども言いましたが、脳への刺激が強ければ強いほど、記憶は形成されやすくなります。ですからただ眺めているだけよりも、音読しながら、手で覚えたい単語を書きながらなど、視覚以外の五感を駆使すれば脳へ入力される情報量が増えます。そうした方が、脳への刺激が強くなり、記憶が定着するのです。

音読というのは意外な効果を発揮します。暗記したいことを声に出して読むと、自分の声を自分の耳で聞くことになります。これだけで視覚と聴覚（二感）を同時に使いますので、ただ眺めるだけ（一感）よりも効果的です。後述しますが、「リフレイン効果」（Q29）というものも期待できます。

また、**自分でテキストを読んでその声を録音し、それを聞きながらテキストを読み、**

手で書いて学習するという方法を推奨する人もいます。確かにこれならば視覚・聴覚・触覚を一度に刺激できますから、効果がありそうですね。

覚えたことを「忘れる」というのは、実は脳の優秀な機能の一部です。「忘れる」ことにより、脳内の情報が常に整理整頓され、さまざまな情報を使いやすい状態に保っていられるのです。逆に「忘れる」ことができなければ、脳内は膨大な情報であふれかえってしまい、ヒトは知識を効率よく使うことができなくなってしまうでしょう。

第一「忘れる」という機能がないと、失恋などの嫌な記憶がいつまでも心に残ってしまって困りますよね。

この「忘れる」という脳の能力と上手に付き合っていくこともまた、暗記を効率よく進める上で不可欠なことなのです。「忘れてしまう」ことを悲観せずに、上手に付き合っていく方法を模索していきましょう。

五感をフル活用して暗記する

Q 15

【脳】マンガのキャラクターの名前は全部覚えられるのに、勉強の暗記が苦手なのはなぜでしょう？

好きな音楽をかけて、交感神経を刺激せよ！

ポケモンや妖怪ウォッチのキャラクターの名前は、特に意識して暗記をしようとしなくても勝手に頭に入っていきますよね。ポケモンのキャラクターは何と８００種類以上もいるそうですが、子どもたちはトレーディングカードのイラストを一瞬見ただけで、そのポケモンの名前やらタイプやら弱点やら攻撃力やらをぴたりと言い当てられるのです。すごい能力ですね。そんなにたくさんのポケモンの名前やら必殺技やらを覚えられるのなら、歴史上の人物名や年号や出来事など、簡単に頭に入りそうな感じがしますが、なかなかそうはいきません。なぜでしょうか。それはズバリその学習に「興味がない」からです。

好きなことや興味のあることに集中している時、ヒトの脳内では「ドパミン」と呼ばれる神経伝達物質がさかんに分泌されています。ドパミンには脳を覚醒させ、集中力を高める効果があり、それによってヒトは快感を覚え、やる気がアップすると言われています。好きな科目の学習効果が上がりやすいのはこのためです。

逆に言うと、好きではない科目の時にはドパミンの分泌がパタリと止み、学習効果が上がりにくいわけです。興味のないこと、苦手なことがなかなか覚えられないのはドパミンが分泌されないためです。

このドパミンを、何とか嫌いな科目の学習中に分泌させることはできないものでしょうか。

実はとっておきの秘策があります。それは、**自分の好きなアーティストの音楽を聴きながら勉強する**、というものです。好きな音楽というものは、人の気持ちを高ぶらせハイにさせてくれます。高揚感を得るとヒトの脳内では、ドパミンが放出されるのです。嫌いな科目をやっている時に好きな音楽を聴いて脳内にドパミンが放出されると、脳は「あれ？　この科目好きだったんだ」と勘違いをしてくれます。つまり好きな音楽を聴きながら学習すれば、たとえ嫌いな科目であっても音楽によるドパミン効果で、学習の効率がアップするというわけです。

この時注意しなければいけないのは、流す音楽に「歌詞があってはダメ」ということです。歌詞があると覚えたい単語が歌詞と混ざってしまい、かえって覚えづらくなります。クラシックやインストゥルメンタルなどの音楽がおすすめです。最近のＣＤには必ずカラオケバージョンがついていますので、これを利用するのも手です。

しかし小学生の場合はまだ好きなアーティストなどがいないということもあるでしょう。音楽そのものに興味がない場合には、気分を高揚させる方法としてアロマをたくというのも、実は意外に効果的です。レモン系のアロマにはリモネンという成分が入っており、ドパミンとともに心身を安定させる働きのあるセロトニンの分泌を促すとされています。またオレンジ系のアロマは集中力をアップする効果があるとされています。柑橘系のさわやかな香りは、気分をリフレッシュさせてくれ、学習効率を高めてくれます。

運動するという方法でも、ドパミンを増やすことができるといわれています。運動といっても激しいものではなく、散歩や柔軟体操のようなものでも充分効果的です。また運動することで全身の血流がよくなり、脳へ栄養が送られて新しい脳細胞の形成が促進され、脳細胞の老化も遅らせることができることもわかっています。さらに「幸せホルモン」と呼ばれるセロトニンやノルエピネフリンといった神経伝達物質を増やすことも期待できます。

ドパミンは化学物質であり、体内で生成される物質ですから、その原料となる食品の摂取はどうしても必要です。ドパミンはアミノ酸の一種であるチロシンから作られます。チロシン含有率の高い食事を食べることでドパミンの生成が促されます。またチロシン自身にも、慢性的な疲労やストレスを和らげる効果があるといわれています。

チロシンを多く含む食品としては、チーズや大豆があります。チーズはその語源が実はチロシンからきています。大豆の加工食品では、納豆よりも豆腐のほうがチロシンをより多く含んでいます。他には牛乳・マグロやカツオなどの赤身魚・アーモンド・バナナ・アボカド・ビーツ・ゴマ・リンゴなどにも多くのチロシンが含まれます。リンゴを切って放置していると表面が黒ずんでいきますが、その現象もチロシンの仕業です。

また腸内フローラ（腸内細菌叢）のバランスが崩れて悪玉菌が優位になると、リポ多糖と呼ばれる有毒な物質が増えドパミンのレベルを下げることが知られています。ヨーグルトなどを摂取して、腸内環境を整えることもまた、結果的にはドパミンを増やして学習効果を高めることにつながるのです。

心身ともに健康であることは、実は学習にとっても良いことなのです。

ドパミンを上手に分泌するには
音楽を聴きながら勉強
つかれたら
運動したり
チロシンを含む食べものを
食べたりする
チーズ
豆腐
牛乳
マグロ・カツオ
(赤身魚)
アーモンド
バナナ
リンゴ
アボカド
ピーツ
ゴマ
など

Q 16

【脳】「明日がテスト！」という場合の暗記方法を教えてください

一夜漬けのような学習はむしろ避ける。寝ることも学習の一環

大学受験の時に、私は時々徹夜で勉強して、次の日予備校を休み昼過ぎまで寝ているということをよくやっていました。今にして思えば、若気の至りとはいえ、実にバカバカしい無駄なことをやっていたものだと赤面するばかりです。

学習効果の観点からいえば、徹夜で勉強することほど非効率なことはありません。徹夜をするくらいなら、その日はさっと勉強を切り上げて、次の日に早起きしてやった方がはるかに効率的であると、科学的にも証明されています。

Q14で海馬の働きについてのお話をしましたが、実はこの海馬、とても繊細で傷つきやすい性質があります。海馬は強いストレスやプレッシャーには非常に弱く、ダメージを受けやすいのです。例えば呼吸困難におちいるなど酸素不足の状態になると、脳の中で最初にダメージを受けるのが海馬であるといわれています。また「地下鉄サリン事件」や「東日本大震災」などによりPTSD（心的外傷後ストレス障害）を発症した、といった話を聞いたことがあると思いますが、これは非常に強いストレスや恐怖などで、海馬に異常が現れ、記憶障害などを引き起こす病気です。

海馬はいわゆる「記憶の司令塔」といえるとても大切な場所ですが、精密機械そのものであり、とても壊れやすい性質を持っているのです。

さらに海馬がダメージを受けると、古い記憶が引き出せなくなるばかりでなく、新しい記憶も形成されないことがわかっています。例えばスキー事故などで頭を強打した場合に、事故の前後を全く覚えていないということが起こりますが、これは強いストレスにより海馬が新しい記憶をとどめておけないことを意味します。こうしたことからも、心身に強いストレスのかかる一夜漬けのような学習法は、まったくお勧めできないのです。

むしろ睡眠時間を充分とる方が、学習効果が高まるといわれています。睡眠の重要な働きに「記憶の固定」というのがあります。記憶の固定とは、その日の記憶を整理し、必要なものを定着させることを指します。学習した内容がきちんと脳に保存されるためには睡眠は不可欠ということなのです。

ドイツの心理学者ワグナーらはこんな心理実験をしています。被験者を次の４つのグループに分けて、学習と睡眠の関係を調べました。

A. 学習した後、8時間の睡眠をとってからテストをするグループ
B. 学習した後、8時間（夜間）起きていてテストをするグループ
C. 学習した後、8時間（昼間）起きていてテストをするグループ
D. 学習してすぐにテストをするグループ

するとＢＣＤのテスト結果はほぼ同じ（平均23・5点）だったのに対して、Ａのグループだけは60点近い成績をおさめたのです。普通に考えれば「すぐにテスト」をした方が、学習したことを覚えていて点数は取りやすいという気がしますが、「睡眠をとってからテスト」をしたグループの方が成績が良かったのが面白いところです。まさに睡眠中に「記憶の固定」がおこなわれた、というわけですね。

また、海馬は睡眠中に成長することが知られており、一般的に海馬が大きいほど記憶力がいいと言われています。よく寝た方が海馬は成長して大きくなり、結果的に記憶力がアップして学習効果が高まるというわけです。

とはいえテスト前には悪あがきの一つもしたいですよね。カナダのマギル大学のシルベイン・ウィリアムズ博士は「マウスのレム睡眠時のみ活動を邪魔する」という興味深い実験をおこなっています。通常マウスは見たことのない物体と、前日にも見たことのある物体がある場合、未知のものにだけ関心を示します。ところが浅い眠りである「レム睡眠」時に脳の活動を邪魔されたマウスは、２つの物体とも詳しく調べようとしたというのです。つまりレム睡眠が記憶の定着に非常に重要な役割を果たすということが、この実験で証明されたことになります。

だとすれば切羽詰まったテスト前夜は、こんな感じで学習をすれば効果的だということがわかります。まず覚えたいことを学習したらすぐに寝ます。そして3時間ほど睡眠をとった後、早朝に起きて前日の学習内容を復習するのです。ぐっすり眠る必要はありません。短時間の睡眠で、海馬は睡眠の直前に記憶した内容をより強く整理してくれます。

勉強後にストレス発散と称してテレビなどを見てしまうと、せっかく覚えたこととテレビの内容とが脳の中でごちゃ混ぜになり、肝心の学習内容が抜けてしまいます。ですから、**学習と睡眠の間に別の行動をさしはさまない**ことが、学習した内容を効率よく定着させる秘訣なのです。

覚えたらすぐに寝る、そして早起きをして復習する。この行動パターンを身につければ、学習効果をぐっと高められますよ。

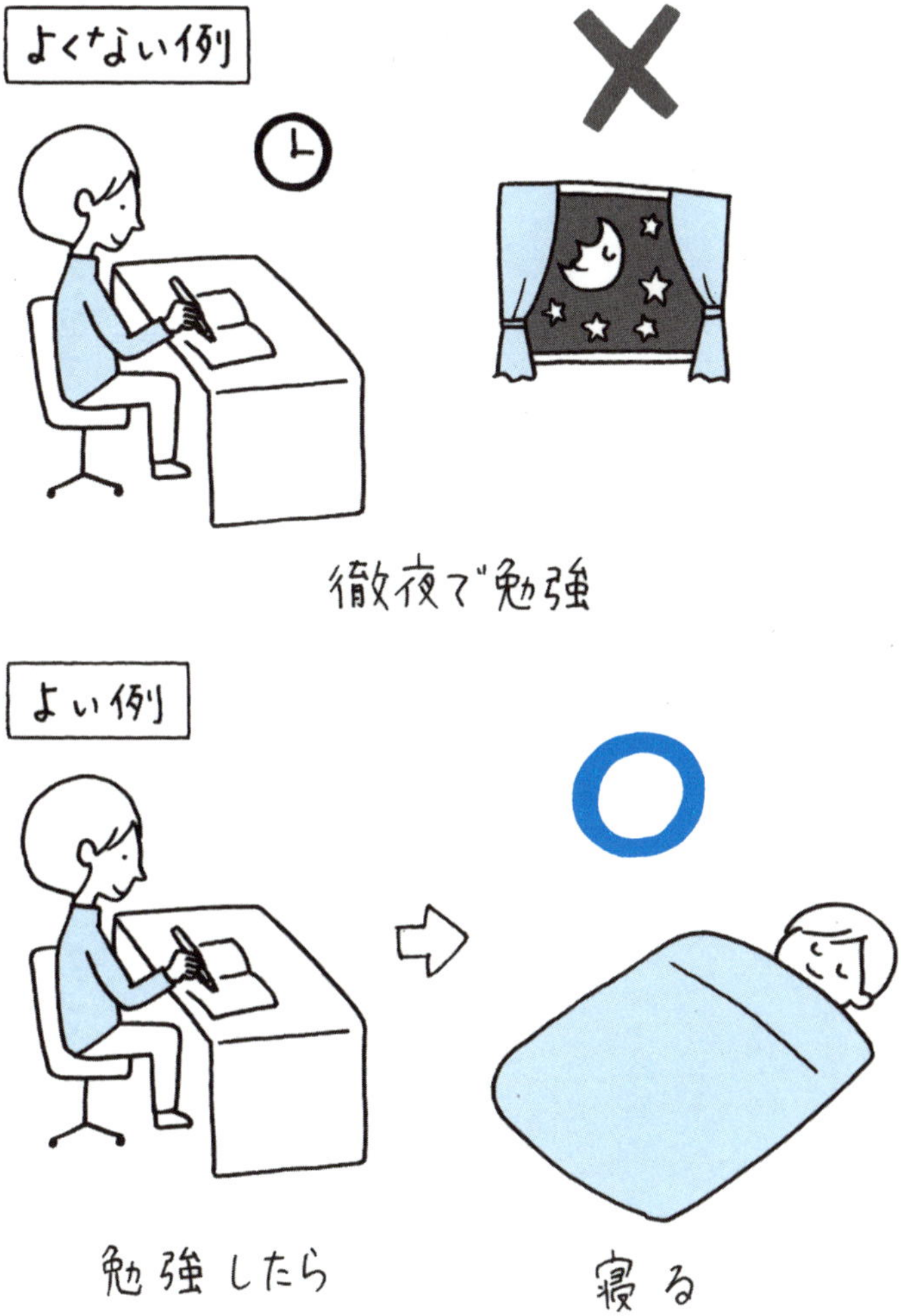
よくない例
徹夜で勉強
よい例
勉強したら
寝る

Q 17

【脳】暗記に最適な睡眠時間を教えてください

睡眠時間は最低8時間とる!
これを生活の軸にせよ

私のところには「塾の宿題に追われ、寝る時間が削られるが、どうしたらよいか」という質問が数多く寄せられます。前述しましたが、睡眠と学習にはとても深い関係があり、多くの脳科学者が「充分な睡眠時間を確保する方が、睡眠時間を削って勉強するよりも、学習効果が高い」と結論付けています。ですからこのような質問に対しては「塾の宿題はほどほどにして、睡眠をしっかりととらせてください」とアドバイスするのですが、どうにも親たちにはこれが響かないようで、あまり納得してくれません。なぜ世の親たちは、「睡眠時間」よりも「学習時間」を優先させてしまうのでしょうか。

テンプル大学のジョージ・エインズリー博士の提唱する「双曲割引の心理的バイアス」の考え方は、この現象を説明するのにうってつけです。例えばダイエットを頑張って続けていたのに、お友だちとのランチの時に友だちの食べているデザートがおいしそうで、ついつい「今日だけ」と食べてしまうことはありませんか？　これを「双曲割引の心理的バイアス」といいます。簡単に言えば、目先の利益にとらわれてしまう、ということですね。目先の利益や損失は、遠い先の利益や損失よりもずっと大きなものに感じられてしまうという心理です。夏休みの宿題を、「まだまだやる時間はあるさ」と先送りにしてしまう心理も、この「双曲割引の心理的バイアス」で説明できます。私自身も、原稿を仕上げなければいけないのに目の前にある楽しいことについつい心を奪われて、先送りにしてしまい、締め切り間際になってから慌てるということがよくあります。まるで夏休みの宿題を放置していた小学生のようですが、こんな話はいたるところに転がっていると思います。

それと「子どもの睡眠時間よりも勉強時間を優先させてしまう親の心理」とはどうつながるのでしょう。これはこのように説明できます。

睡眠が子どもの学力向上にどう関係があるのかというと、寝ることにより脳の細胞が成長する、また寝ている間にインプットした情報を脳が整理できる、これによって脳の機能が向上して学力が上がるわけです。つまり子どもの学力が上がるのは、今ではなく未来においてであり、いつ学力が上がるか未確定です。そしてそれは可視化されにくいものです。それよりも、子どもが勉強している姿を、親はいま見ていたいのです。親は夜遅くまで勉強している子どもの姿を見て、「うちの子は勉強しているわ」と、自らの心の安心を得たいわけですね。

では塾の宿題が夜の10時までに終わりきらない場合、夜ふかしをさせる以外にどんな方法があるのでしょうか。まずは1週間の過ごし方を見直すところから始めましょう。例えば習い事は多過ぎないか検討してみてください。青少年教育振興機構の調査によると、1週間に何日ほどをピアノや書道、そろばん、スイミングなどの「習い事」に、費やしているかの平均値は、小学生では2日弱くらいだそうです。一見少ないようにも見えますが、塾も含めると小学5年生で週に5日以上習い事に通っている子どもが30％弱もいることを考え合わせると、今の子どもたちは確かに忙しすぎるといえそうです。塾の宿題が終わりきらないのであれば、塾以外の習い事の方を少し整理していく必要があります。

次に1日の時間の使い方について考えてみましょう。無駄に過ごしている時間がたくさん出てくるはずです。もちろんそれらは一見無駄に見えて、受験勉強のストレス解消の時間だったり、生活上どうしても必要な時間だったりしますので、すべてをカットするわけにはいきませんが、明らかに無駄と思える時間は切り詰めていくことができるでしょう。

それから「細切れ時間」と呼ばれる時間の活用です。「細切れ時間」とは例えば夕食を待つ時間やお風呂の順番を待つ時間などのすきま時間のことです。こうした時間を上手に学習時間に充てることで、かなりの時間を節約できるはずです。例えば「漢字練習」や「計算練習」といったものは、まとまった時間におこなうのではなく、こうした「細切れ時間」にやることをおすすめします。

それでも時間が足りない時はどう考えるべきか。その時には塾で出されている宿題自体を取捨選択してください。お子さんにとってどの課題が必要でどの課題がオーバーワークなのか。本人の学力以上のものに手を出し過ぎてはいないか。本人にとって適切なレベルならそれでいいのですが、しかしほとんどの宿題のレベルが本人レベルを超えているなら、塾の先生に言って宿題のレベルを下げてもらうべきです。量が多すぎるなら、調整してもらった方がいいでしょう。あるいはもうやる必要のないような低レベルの問題までやっているようなら、中身を吟味して本人にとって本当に必要なもののみを残していきましょう。それでも状況が改善されないのであれば、子どものペースにあった塾を探して転塾も検討すべきと思います。

とにかく睡眠時間は絶対に削るべきではありません。全く逆で、**睡眠時間に合わせて生活や習い事や塾を調整すべき**なのです。オーバーワーク気味で続けていても、学習効率は決して良くならないものですから。

子どもの身長が伸びるのは…

寝ている間に
身体も成長する

子どもの脳が成長するのは…

脳も身体の一部。
寝ている間に
脳も成長する

昼間めいっぱい活動したら
夜はしっかり身体を休ませることが大切

Q 18

【脳】暗記の効率がよくなる食べ方、飲み方はありますか？

勉強中は常に飲み物を飲みながら。その方が暗記がはかどる

私が大手塾で講師をしていたころと、独立して自分で塾を経営するようになってからとで、生徒たちの授業の受け方で大きく変更したことがあります。それは授業中の水分補給を許可したことです。大手時代には、もちろん生徒数が多いということもあり、さまざまなルールが設けられていました。その中には「授業中の飲食は禁止」というものもありました。食べこぼしや飲みこぼしなどのことを考えると、当然のことかもしれません。もちろん質問にある通り、実際の入試では飲食は禁止ですので、それに慣れるためにも、普段から飲食せずに学習させることは理にかなっているのかも

しれません。しかし私は、あえてそれに対抗して、自らの塾を立ち上げた時にこの禁忌を破ってみたのです。結果は、同程度の学力の子どもたちを比べた場合、明らかに授業に集中できる時間が伸びたと感じています。

イーストロンドン大学のキャロライン・エドモンズ氏らは次のような実験をおこないました。34人の男女に別々の日に合計2回、前夜から水分と食物の摂取を控えてもらい、朝に知力テストを受けてもらいました。1回目はテストの直前に500ミリリットルの水を飲んだ後に、2回目は水を飲まずにテストを受けてもらったところ、水を飲んだ場合は、水を飲まない場合よりも、解答速度が14%も速くなったそうです。また同様の別の実験では、水（250ミリリットル）を与えられた子どもと与えられなかった子どもでは、画像記憶テストにおいて、水を与えられた子どもたちの方がより良い成果を上げたそうです。水分補給が記憶力や集中力に大きな影響を与えているのは間違いなさそうですね。どうして水分はそんなにも重要なのでしょうか。

ヒトは1日におよそ2〜2・5リットルもの水分を体外へと排出しています。そして脳はその80％が水分です。成人の場合、体重の60～70％が水分であることを考えると、脳の水分の含有量は他の臓器にくらべて大きいと言えます。それだけ水分不足の影響を受けやすいと言えるでしょう。ある研究では、90分間負荷のかかった運動をさせて1キログラム体重を落とした後に被験者の脳をスキャンしたところ、脳の灰白質の萎縮がみられ頭蓋骨から乖離しているのがわかりました。しかしその後にグラス1～2杯の水を飲むことで、脳はすぐに正常レベルに回復したそうです。もちろん日常生活の中でこんなにも汗をかくことはまれですが、脳の水分不足を防ぐためには、**1時間に150ミリリットル程度を摂取すると良い**と思われます。

また、脳は大量にエネルギーを消費する器官でもあります。脳のヒトの体重に占める割合はたったの2％なのに対して、エネルギー消費量は全体の18％にものぼります。しかも脳はブドウ糖など、限られた栄養素しかエネルギー源として使うことができません。脳で消費されるブドウ糖量は、1時間に5グラムです。すなわち1時間勉強している間に5グラムのブドウ糖を摂取していかなければ、脳のパフォーマンスは落ちる一方なのです。

平昌オリンピックの女子カーリング代表選手たちが、ハーフタイムの間におやつを食べながら作戦会議をしている様子が話題となりましたね。あの「もぐもぐタイム」、実はとても理にかなった休憩方法です。

カーリングは非常に頭を使うスポーツです。そのため「氷上のチェス」とも呼ばれます。また試合時間が2時間以上に及ぶことも決して珍しくはありません。そのため選手たちは5分間のハーフタイムの間に、2時間で必要なブドウ糖10グラムを摂取する必要があるわけです。食品中の果糖やショ糖がすべてブドウ糖に変化するわけではないことを考えると、ブドウ糖10グラムを摂取するためには、リンゴなら1個、バナナなら2／3本食べなくてはなりません。

受験生のみなさんは、まず机の上には常に500ミリリットルのペットボトルを置いておき、3時間の学習で1本飲み切る感じでこまめに水分補給をするようにしてください。そして1時間ごとのハーフタイムには、リンゴ2切れあるいはバナナ半分をもぐもぐしましょう。「ブドウ糖」そのものも薬局などに売っていますので、それを食べても構いません。

このとき注意しなくてはいけないのは、水分と糖分を両方いっぺんに摂れるジュースを選択してはいけないということです。なぜならジュースには必要以上の糖分が含まれるからです。例えばコカ・コーラなら５００ミリリットルで56グラムほどの糖分が含まれます。それほど甘くない午後の紅茶ストレートティーにも５００ミリリットルで20グラムの糖質が含まれます。これらを水の代わりに飲むと、確実に肥満体になっていきますので、気を付けてくださいね。


血糖値は実は集中力と密接な関係があります。血糖値がだんだん下がってくると、脳内で副交感神経が優位となり眠くなってくるのです。食後に眠くなるのはこのためです。そして血糖値の上がり方が急だと、その後の反動も大きく、眠くなりやすいことが知られています。甘いジュースは血糖値を急激に上げますので、飲み物として選ぶのは避けましょう。覚醒効果のあるカフェインを含む飲み物、すなわちコーヒーや紅茶・緑茶などがおすすめです。

水分補給をしつつ、集中力を保って効率的に学習していきましょうね。

こまめな水分補給と糖分摂取を!

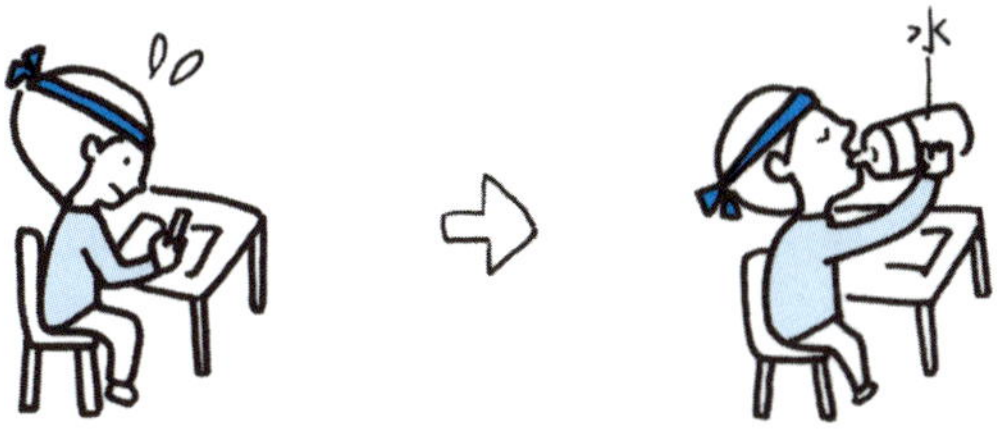

1時間に150mLの水分補給!

1時間に5g程度の糖分摂取!
ただし血糖値が急に上がりすぎると、
眠くなるので注意!!

Q 19

【脳】運動しないと暗記の効率が落ちるって聞いたけど本当？

本当です。学習後には散歩に出かけよう

中学受験生の子どもたちは、毎日重いテキストを何冊もカバンに詰めて塾に通っています。子どもによってはパンパンに膨らんだカバンの重さが10キログラムを超える子もいて、まるで何かの修行のようです。そんなカバンを持って毎日15分も歩いて塾に通っているのに、運動不足になって太る子も多いですよね。正直、健康的だとはいいがたいものがあります。

しかしだからといって、毎日大量の宿題が出されて帰ってくる中で、外で元気に遊ばせる時間もなかなかとれないのも事実。受験生たちの運動不足は、いったいどう

やって解消していけばよいのでしょうか。

ハーバード大学医学大学院准教授のジョン・J・レイティ氏によると、軽い運動をすることでBDNFというタンパク質が脳の神経細胞内でさかんに分泌されるようになり、脳の神経細胞や血管の形成が促進されるそうです。BDNFは別名「脳由来神経栄養因子」と呼ばれ、神経細胞の成長・維持・再生を促してくれます。このことから、「脳の栄養」とも呼ばれます。運動はこの「脳の栄養」を増やしてくれるわけです。つまり軽い運動は脳の成長・発達を促してくれるというわけですね。

シカゴ郊外にあるネーパービル・セントラル高校ではこんな取り組みがおこなわれました。1時間目の授業が始まる前に「0時間目」と称して、生徒たちにランニングをさせるというものです。その結果、「0時間目」を取り入れた生徒たちは、学期の最後におこなわれた読み書きのテストおよび理解力のテストにおいて、普通の体育の授業のみの生徒たちに比べ6％以上の伸びをみせたのです。またこの高校は1999年におこなわれたTIMSS（国際数学・理科教育動行調査）の数学で世界6位、理科ではなんと世界1位の成績を叩き出したのです。ちなみにこの年、全米平均は数学で19位、理科で18位でしたので、大変優秀な成績であったことは、疑いようもありません。しかもネーパービル・セントラル高校はイリノイ州の公立高校であり、「0時間目」以外に特別な学習プログラムが組まれていたわけではありません。また高校2年生の97％の生徒がテストを受けていますので、特に優秀な生徒だけをテストに参加させたわけでもありません。

適度な運動が学力に与える好影響については、筑波大学の大森肇氏や徳島大学の柏原考爾氏ら日本の研究者によってもさまざまな研究がおこなわれています。大森博士の研究では、被験者を2つのグループに分け10分間と30分間ジョギングをおこなわせたところ、双方に計算能力の向上が見られたが、10分間の方がその持続時間が長かったことが報告されています。柏原博士の実験では、10分間の自転車運動後に計算テストや記憶テストをおこなうと、いずれも成績向上が見られたが、負荷を上げるとその効果が減少するという結果となっています。

いずれにしても適度な運動が脳へ好影響を及ぼすことは間違いなさそうです。これは適度な運動が脳の血液流入量を増大させ、ＢＤＮＦの分泌がさかんになり、脳の神経細胞や血管の形成を促進するからだと説明できます。運動が学習効果を高めるというのはもはや疑いようがありません。さらに運動によって血流量が増えれば、体内の老廃物が押し流され、心身ともにリフレッシュすることもできます。足の裏への刺激が脳に伝わり、脳が活性化するという効果もあります。

近年多くの中学受験塾では、通塾回数がどんどん多くなってきています。一昔前までは週に3回程度がスタンダードだった塾も、いまや週に5回以上は当たり前、土曜日も日曜日も塾に通わせるところも少なくありません。しかし脳科学的には適度な運動と学習をバランスよく取り入れることが脳を成長させる正しいやり方であると証明されているのです。毎日塾漬けにする日本の従来のやり方は、もはや時代遅れとなりつつあるのではないでしょうか。

しかし、かといって、中学受験をするにはやはりどこかしら塾に入れなければなりませんし、通塾回数の少ない塾をみつけることもなかなか難しいものです。そこでおすすめしたいのが、学習後の散歩です。平日は塾もあってなかなか散歩に出かけることは難しいかもしれませんが、日曜日などは**夕方まで勉強をして、夕食までの間に散歩に出かける**のがよいでしょう。その辺を一周するのもいいでしょうし、日曜日の犬の散歩は受験生の担当にするのもアリですね。お父さんを誘い出せばお父さんの運動不足の解消にもなりますし、親子のコミュニケーション不足の解消にもつながります。散歩しながら問題を出し合ったり、勉強した内容についての説明を受ければ、一石二鳥にも三鳥にもなり、いいことずくめです。

それから塾の送り迎えに車を使うのもやめましょう。子どもも疲れているだろうからと過保護に送り迎えをすれば、かえって運動不足となって疲れやすい体を作ってしまいます。塾の行き帰りは電車やバスを利用させ、できるだけ子どもには歩かせるように心がけましょう。夜遅いのが心配なら、駅まで迎えに行って一緒に歩いて帰ってくればよいと思います。

運動不足は脳の運動不足につながります。脳も肉体の一部なわけですから、身体が健康であることは脳の健やかな成長にとってとても重要なことです。日ごろから気を付けていきたいですね。

暗記力アップのため軽い運動を取り入れる

毎朝

起きたらジョギングしてから計算ドリル

週末

勉強したらお父さんと散歩

第3章

暗記力が飛躍的にアップする暗記法と学習法

Q 20

【暗記法】アブラナ科の植物のようにたくさんある場合はどう覚えたらいいの?

頭文字暗記法を活用せよ!

イクヤマイマイオヤイカサカサカヤオテハタカヤ……

これは私が大学受験の時に使っていた暗記用の呪文です。さてなんの覚え方だと思いますか? 実はこれ日本の歴代総理大臣の覚え方なのです。

イ　伊藤博文(第一次)　ク　黒田清隆　ヤ　山縣有朋(第一次)
マ　松方正義(第一次)　イ　伊藤博文(第二次)　マ　松方正義(第二次)
イ　伊藤博文(第三次)　……

というわけです。

このように、覚えなければいけない言葉がたくさんあり、しかもその配列には規則性がない場合、なかなか通常の暗記法では対応できないことがあります。そのようなときに役に立つ暗記法が「頭文字暗記法」です。


大学受験の英語学習などで、動名詞を目的語にとる動詞の頭文字を並べた「MEGAFEPPS（M＝mind E＝escape G＝give up A＝avoid F＝finish E＝enjoy P＝practice P＝put off S＝stop）」も、頭文字暗記法の代表例です。

高校の化学で習った元素周期表の「水兵リーベ僕の船（水素、ヘリウム、リチウム、ベリリウム、ホウ素（B）、炭素（C）、窒素（N）、酸素（O）、フッ素、ネオン）……」も、実はこの頭文字暗記法の一種です。質問にあったアブラナ科の植物であれば「あなたはかぶきわかる（アブラナ・ナズナ・ダイコン・ハクサイ・カブ・ブロッコリー・キャベツ・ワサビ・カラシナ）」と、頭文字だけをとって覚えるとよいですよ。

この頭文字暗記法、「水兵リーベ」や「あなたはかぶき」のようになんとなく語呂合わせっぽくなっているとより覚えやすいのですが、最初にご紹介した「イクヤマイマイオヤイカサカサカヤオテハタカヤ」のように、まったく意味をなしていない呪文のようなものでも、意外と頭に入るものです。この時最も重要なのはリズムです。リズムが良ければ歌を歌うようにして覚えることができます。最初の例などは日本の総理大臣ですから100人近くいるわけで、これに語呂をつけるのはかなり難しいことですよね。語呂を考えるのに時間を費やすよりは、覚えやすい字数で区切ってリズムをつけることを考えた方が楽なわけです。

ところでこの「頭文字暗記法」はなぜ有効なのでしょうか。人間が一時に頭に入れておけるのはだいたい「3~5チャンク」といわれています。チャンクとは人間が情報を知覚する際の「情報のまとまり」のことをさします。それ以上の数のものを覚えようとしても、覚えていくうちに最初に覚えたことはどんどん忘れてしまいなかなか覚えられないばかりか、長期記憶としても残りにくいのです。

そこで多数ある情報の一部分だけを取り出してまとまりをつくり、全体として暗記する量を減らしてやると、ずっと覚えやすくなります。

個別のばらばらな情報を、パターンの類似性や関連性に基づいて、より大きな情報のまとまりにしたり、情報を圧縮したりする過程のことを、心理学用語で「チャンキング」といいますが、これを記憶術に転用するわけです。「頭文字暗記法」はこの**チャンキングを上手に活用**している好例といえます。

「頭文字暗記法」はなにも頭文字に限る必要はありません。例えば15人いる徳川将軍を覚えることを考えてみましょう。徳川15将軍は「家康・秀忠・家光・家綱・綱吉・家宣・家継・吉宗・家重・家治・家斉・家慶・家定・家茂・慶喜」と、「家」の字ばかりつきます。みんな家康にあやかりたかったんですね。で、これの頭文字だけを取り出してくると「いひいいついいよいいいいいいよ」となり、誰が誰だかわからなくなってしまいます。こういう場合は名前の2文字の漢字のうち、「家」の字ではない方の文字を取ってきます。家康はあまりに有名なのでいったん外しておいて、「秀・光・綱・綱・宣・継・吉・重・治・斉・慶・定・茂・慶」と並べてひらがなにします。そして頭文字を取ると「ひみつつのつよしはなよさもよ」となりますのでこれに家康をくっつけて「徳川は、家康秘密、角、強し、花よ、さも良し、15代」とリズムをつけて覚えるわけです。かなり強引ではありますが、有効な暗記法で受験生たちの間では重宝されています。

ぜひ皆さんも、頭文字暗記法でいろいろと覚え方を考えてみてくださいね。頭文字を抽出すると、そこから「語呂合わせ」も思いつきやすくなります。自分なりの暗記法を色々と工夫してみましょう。たくさん考えれば、将来語呂合わせの本が出せるかもしれません（笑）。

でもあまりに数が少ないとかえって覚えにくくなってしまいます。覚えることが3～4個ならそのまま覚えた方が早いですしね。覚えることが8個以上あるときに、頭文字暗記法を活用すると有効ですよ。

イネ科の植物の覚え方

サササ
トウモロコシ
ネギ
ムギ
イネ
ユリ
チューリップ
ススキ
ツユクサ
アヤメ
梅雨《ツユ》のアサ10《トウ》時
ネムイユリちゃんにチュー
すきスキ

Q 21

【暗記法】興味のないことを覚えるにはどうしたらいいの？

万能歌「もしもしかめよ」を活用せよ！

童謡「うさぎとかめ」。

あまりに有名なこの童謡を知らない人は、いないかもしれません。しかしこの歌が、ひそかに暗記術の世界では「万能歌」として多くの受験生に活用されていることは、あまり知られていません。そこで本項ではこの「もしもしかめよ暗記法」について、まずはご紹介したいと思います。

みなさんは大学受験の時に古文の助動詞の接続に悩まされませんでしたか。古文の助動詞の接続とは、その助動詞の上にどんな活用形がくるのかで、助動詞の識別をするというものです。この助動詞の種類がめちゃくちゃ多くて厄介なのですが、これを**「もしもしかめよ」のリズムに乗せて覚えていく**わけです。こんな感じ。

「む・ず・じ・しむ・まし・まほし
る・らる・す・さす・むずりサ変［未然形接続］
つ・ぬ・たり・けり・たし・き・けむ［連用形接続］
らむ・べし・らし・まじ・ごとし・なり［その他］」

他には看護師を目指す人が必須アミノ酸を覚える時にも「もしもしかめよ」を使っています。こんな感じ。

「もしもし・ロイシン・イソロイシン
リジンに・バリン・スレオニン

トリプトファンに・メチオニン
フェニルアラニン・ヒスチジン」

どうですか？　1回歌ってみるととても気持ちいいですよね。これなら覚えられそうな気がしませんか。さすが受験生御用達の「万能歌」。非常に有効な暗記法です。

ここで本題に戻りましょう。自分の興味のないことを覚えるのってホントに大変で、なかなか頭に入っていきませんし、そもそも興味のないことを勉強するのも苦痛ですよね。以前に「ドパミンの放出がカギである」と説明しましたが、いろいろ試してみてもなかなかドパミンを分泌できず、効果が出ないということもあります。

そんな時におすすめしたいのが実はこの「歌を歌ってみる」という方法なのです。

歌を歌うと呼吸が深くなり、回数も少なくなります。すると副交感神経が働いて体がリラックス状態になり、「ベーターエンドルフィン」や「ドパミン」などの脳内物質の分泌が活発化し、脳が活性化していきます。ストレスによって分泌されるホルモン「コルチゾール」値が低下することもわかっています。こうしたことが学習効果をアップするのに一役買います。

また歌を歌うことで気分が高揚して学習が楽しくなるばかりでなく、メロディーによってより多くの情報のチャンキングが可能となります。さらにリズムと結び付けられることで、記憶が長期保存できるようになります。歌いながら体を動かせば、脳に別の刺激が加わり、記憶がより強固になってくれるのです。まさに一石三鳥にも四鳥にもなる魔法の暗記法といえそうですね。


使用曲は「もしもしかめよ」でなくても構いません。自分の好きなアニメソングでも、クラシック音楽に歌詞をつけても構わないのです。もちろんオリジナルソングを自ら作ってもオーケーです。

一時、エグスプロージョンという、よしもとクリエイティブ・エージェンシー所属のエンタメ系ダンサーの動画がYouTubeにアップされて大流行しましたね。かれらは「本能寺の変」でブレイクしましたが、他にも「ペリー来航」や「小野妹子」など、さまざまな楽曲を生み出しています。

他にもインターネットを検索すると、いろいろな人が歌による暗記学習を提唱しています。レキシというアーティストは「狩りから稲作へ」や「下剋上RAP」など50曲以上をリリースしています。中でも私がおすすめしたいのが、少し古いですが1990年代にスタートしたバラエティー番組「学校へ行こう！」で人気を博したCo.慶応というラッパーの「お勉強ラップ」です。Co.慶応の「日本地理ラップCo.慶応&Junと47都道府県を覚えよう！」や「戦国武将ラップ　Co.慶応が選ぶ戦国武将Best10は誰!?」などは本当に素晴らしい曲（笑）だと思います。ちなみに私は彼を「チャンネル登録」しています（笑）。バカリズムという芸人の「日本の都道府県」というネタも大好きです。

嫌いな科目も楽しんで覚えていきましょう！　Check it out!

歌を歌いながら暗記

さらに…

ダンスしながら覚えると
より効果的

⇩

全身を使って覚えよう

Q 22

【暗記法】紙にたくさん書いても覚えられない時にはどうすればいいの？

覚えたいことは最低10回声に出せ！

記憶とは脳神経細胞のネットワークのことである、というお話をしました。この神経細胞ネットワークは物理的なものなので、残念ながら努力によってしか増やすことはできません。その努力に当たるものが「紙にたくさん書く」などの具体的な行動ということになります。この具体的な行動を伴わない勉強、例えば「テキストをただ眺めるだけ」では、脳への刺激が少なすぎるため神経細胞ネットワークは形成されず、記憶することはできません。

そもそも「勉強」とは「勉めることを強いる」ものであり、苦痛を伴うのも致し方ないことのようにも思えますよね。努力もしないで成果だけを得ようとしても、蒔かぬ種は生えぬ、うまくいくはずがありません。

しかし何ごとにも「コツ」というものが存在します。脳の神経細胞ネットワークを形成するにあたり、もちろん最低限の努力は必要ですが、無駄な努力をする必要はないのです。ではどうすれば、より楽に神経細胞ネットワークを増やすことができるのでしょうか。

コーチングの世界には「パラクライン」と「オートクライン」という言葉があります。もともとは医学・生理学用語で、ある細胞で分泌された物質がすぐそばの他の細胞に作用することを「パラクライン」、自分自身に作用することを「オートクライン」と言います。ここから転じてコーチングの世界では、相手の発信した情報をこちら側で受信することを「パラクライン」と呼びます。これはコミュニケーションの基本ですよね。一方コーチングにおける「オートクライン」とは、自分で発信した情報を自分自身が受信することを指します。自分の声を自分で聞くということです。

実は人間の脳は、自分の中にある情報をいったん外に出してやらないと（アウトプットしないと）、自分でその情報を確認することができないといわれています。例えばインプットした情報をいったん紙に書きだしたり、声に出して読んでみたりすることで、その内容を理解できるようになるわけです。みなさんも難解な文章を何度も繰り返し声に出して読んでみたら、ようやく意味が理解できた、といった経験はないでしょうか。あるいは「ひょっとして○○君のことが好きかも」と声に出してみて初めて自分の気持ちに気づいた、など。小さな子どもに「あなたのお父さんのお仕事は何ですか？」と尋ねた時「ぼくのお父さんの仕事は……」と相手の質問を繰り返すことはありませんか。これらも「オートクライン」の一種です。

すなわち物事を理解する上で、「オートクライン」というものが非常に重要な役割を担うわけです。これをコーチングでは「オートクライン効果」と呼ぶのですが、これは暗記や学習にも応用できるものです。

国語の学習の初期の段階で「音読」をさせるのも実はこの「オートクライン」による学習効果を狙ってのことです。脳が自分の中にある情報をいったん外に出さないと自分でその情報を確認できないのならば、文章を読んで理解するには音読をしなければ完結しないことになります。よって子どもにはとにかく音読を勧めるわけです。音読をしているうちに段々と声に出さずに頭の中で自分の声が聴けるようになります。すると黙読ができるようになっていきます。黙読もまたオートクラインの一種で、黙読に移行すると読むスピードもどんどん速くなっていくといわれています。逆に音読の訓練をしていない子どもは読解する力が身につかず、国語が苦手科目になりがちです。国語の読解力を身につけさせたければ、まずは子どもに音読をしっかりやらせるように心がけてください。

音読することで文章の内容の理解が促進されるとするならば、これを応用して暗記を促進することも可能なはずです。**暗記したいことを声に出して読み上げると、オートクライン効果により脳がその言葉の意味を理解できるようになります。**理解が進めば記憶がより強固になるはずです。

ところでみなさんは「10回クイズ」って知っていますか？「ピザ・ピザ・ピザ……」と10回唱えた後に腕のひじの部分を指さして「ここは何ていう？」と聞くとつい「ひざ」と答えてしまうというあれです。これも実は「オートクライン効果」によるものです。10回も声に出して同じ言葉を言わされると、脳にその言葉が刻み込まれてしまい、つい誘導されてしまうわけです。ですから脳の機能が衰えてきているお年寄りや、まだ未発達の小さな子どもには「10回クイズ」は成立しにくいという実験結果もあります。

覚えたいことは最低でも10回は声に出しましょう。回数が多ければ多いほど効果があるというわけではないのですが、脳に記憶を定着させるのに3〜4回では少なすぎます。

同時に紙に書くとより効果が増します。脳は複数の刺激が同時に入ってくるのを好みます。話す・聞く・書くと3種類の刺激が同時にインプットされれば、脳が「より重要な情報である」と認識し、記憶に固定されやすくなるのです。

10回声に出すだけで暗記の効率がアップするならば、こんな楽な話はありませんよね。ぜひ日々の学習に取り入れてみてくださいね。

10回音読法

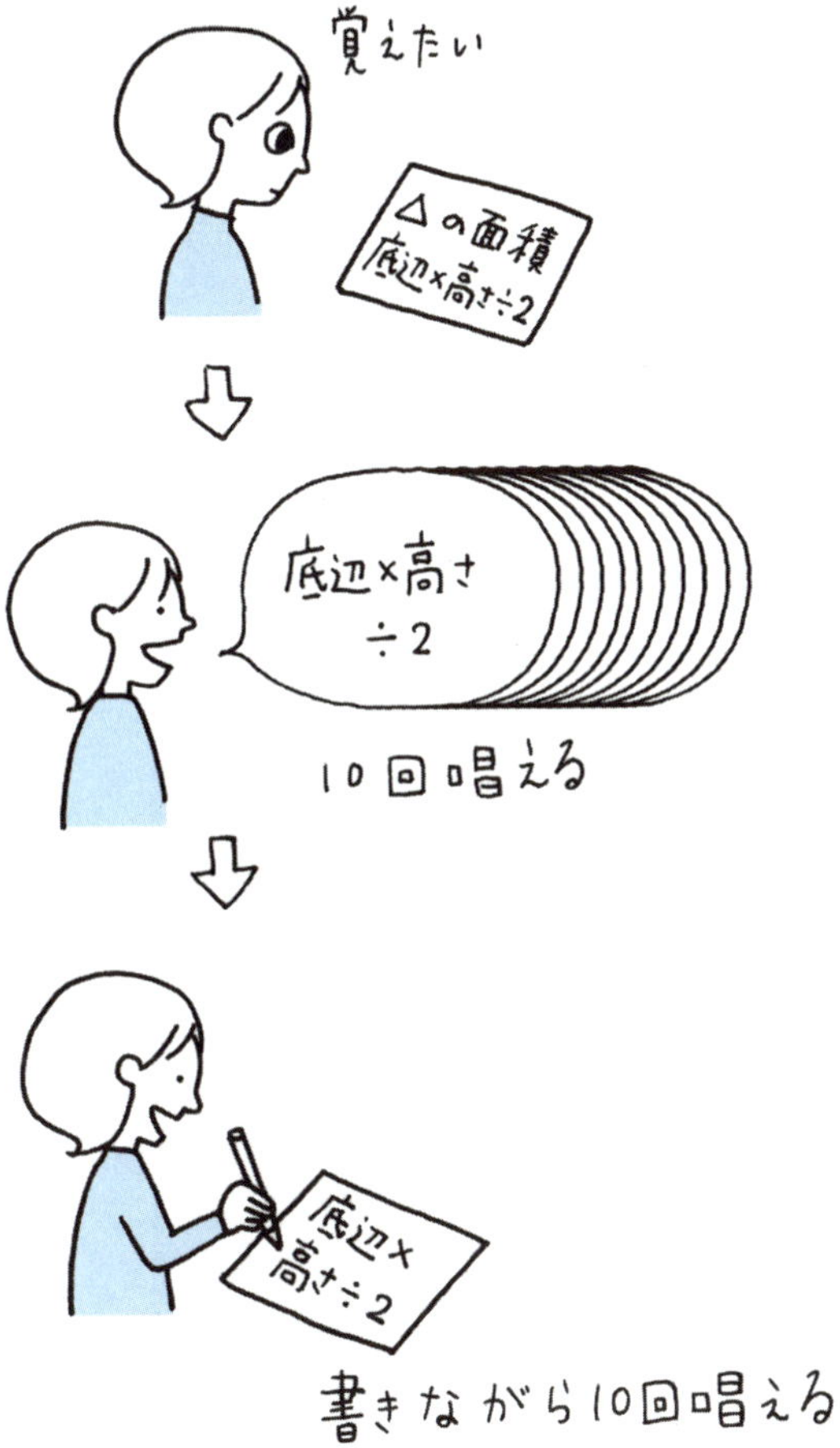

Q 23

【暗記法】いっぺんにたくさん覚えようとして全く覚えられないんです

覚えるのは1回につき3〜5個まで！

次の計算を「暗算で」おこなってみてください。

8×46

どうでしょう。答えは368ですが、電卓や筆算を使わずに、暗算で正しい答えが導き出せたでしょうか。これを暗算でおこなうにはまず「8×40＝320」を計算し、頭の片隅にこの数字をとどめておいて、「8×6＝48」という計算をおこない、先ほど頭の片隅にとどめておいた320という数字とあとから出てきた48という数字を足して368という答えを出します。このときに頭の片隅に置いておいた一時的な記憶処理のことを「ワーキングメモリ」と呼びます。

ワーキングメモリとは短い時間に心の中でいったん情報を保持しておきながら、同時に別の情報を処理することを指します。「作業記憶」とか「作動記憶」などとも呼ばれ、先ほどのように暗算をおこなう際や、人と会話するとき、ものを読んで理解するときなどに頻繁に活用されます。数字や単語や文章などを一時的に保持しておく力は「言語性ワーキングメモリ」といい、イメージや空間認知などは「視空間性ワーキングメモリ」といいます。主に学習における暗記は「言語性ワーキングメモリ」によるところが大きく、立体図形などの数学の問題を解く際や、彫刻や絵画などの芸術活動では「視空間性ワーキングメモリ」が活用されます。本項では「言語性ワーキングメモリ」のことをワーキングメモリと呼ぶことにします。

ところで先ほどの暗算ですが「38×46」となると一気に難しくなりますよね。なぜ難しくなるのでしょうか。この場合には「30×40＝1200」「30×6＝180」「8

×40＝320」「8×6＝48」という4つのワーキングメモリを脳内に保持しなければならず、ワーキングメモリの容量が不足してしまって最初に覚えた数字を忘れてしまうからです。

ミズーリ大学のネルソン・コーワン博士のおこなった実験では、ワーキングメモリの容量限界は「3～5個のチャンク」であると発表しています。チャンクとはアメリカの心理学者ジョージ・ミラーが提唱した認知科学の概念で、人間が情報を知覚する際の「情報のまとまり」のことをさします。例えば「花吹雪」を「は・な・ふ・ぶ・き」という5つのひらがなに分けると5チャンク、「花・吹雪」と単語にすると「2チャンク」、「花吹雪」という言葉で覚えると1チャンクとなります。ミラーはこの記憶容量を「7プラスマイナス2」としましたが、コーワンはこれを修正し、現在では「3～5」の説（マジカルナンバー4と呼ばれる）が有力となっています。

日本には「日本三景」「日本三名園」「四大公害病」など、3つまたは4つでワンセットのものが多いのですが、これも人々の記憶に残りやすいという理にかなったものだということでしょう。電話番号も「080－0000－0000」と3つのチャンクに分かれています。逆にパソコンソフトなどにつけられているシリアルナンバーなどは5~7くらいのチャンクに分かれているため、オンライン認証などをおこなう際に煩わしさを感じることはありませんか。これなどもコーワンの「マジカルナンバー4説」を裏付けるものでしょう。

ワーキングメモリの限界値が3~5チャンクだとすると、1回に暗記しようとする構成要素も3~5程度にしておいた方が無難ですよね。そうでないと覚えるそばから忘れていってしまうからです。まず3~5の項目を暗記して、しっかり覚えてから次の3~5の暗記に進みましょう。いっぺんに覚えようとすると一生懸命勉強した割には、何にも頭に残っていないということになりかねませんから。

例えば歴史年号を覚えようと思った時に、ただやみくもに「1560年　桶狭間の戦い」「1568年　足利義昭を奉じて上洛」「1570年　姉川の戦い」「1570年　石山本願寺と対立」「1571年　比叡山焼き討ち」「1573年　足利義昭追放（室町幕府滅亡）」「1575年　長篠の戦い」「1576年　安土城築城」「1582年　本能寺の変」などとずらずら唱えても、なかなか頭に入っていきません。なぜならこれだけでもチャンクは９つもあるからです。

そこでまずは織田信長の人生で特に重要な「１５６０年」「１５７３年」「１５８２年」の出来事だけを覚え骨組みをつくります。３チャンクですから覚えるのはそう難しくはないでしょう。そのあとでほかの出来事を、最初に覚えたそれぞれにくっつける形で覚えていくのです。こうすれば３つのチャンクの中に４個と２個のチャンクが入ることになり、覚えやすくなります。**暗記をする際は1回に3～5個まで。**この鉄則を守って学習を進めていくとよいでしょう。

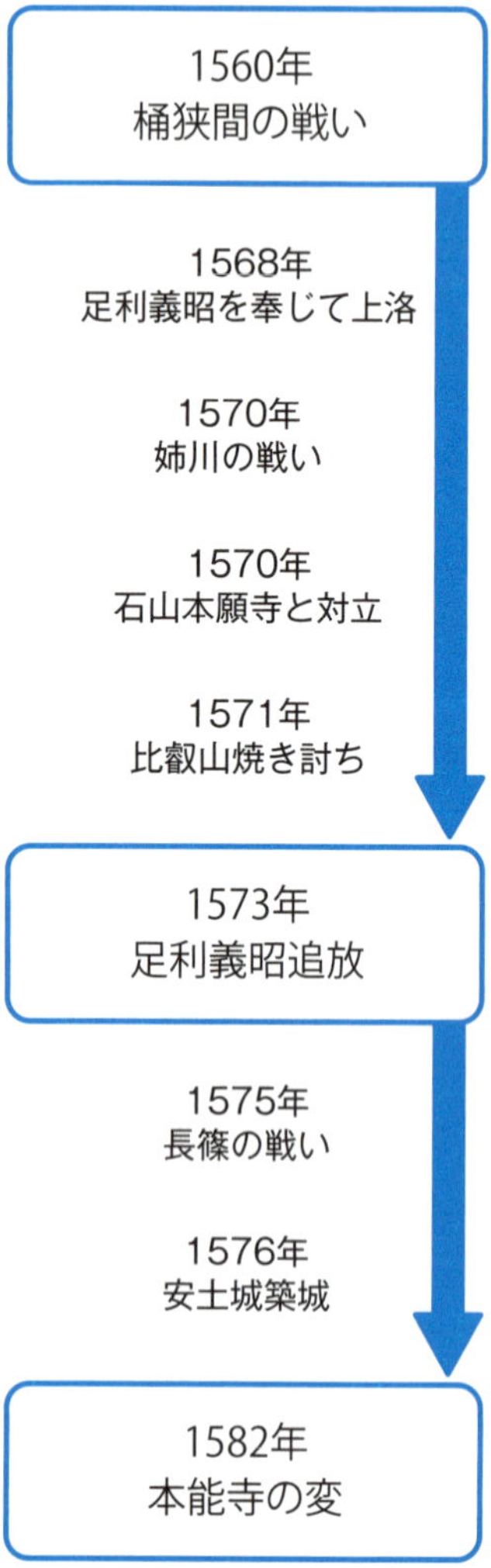

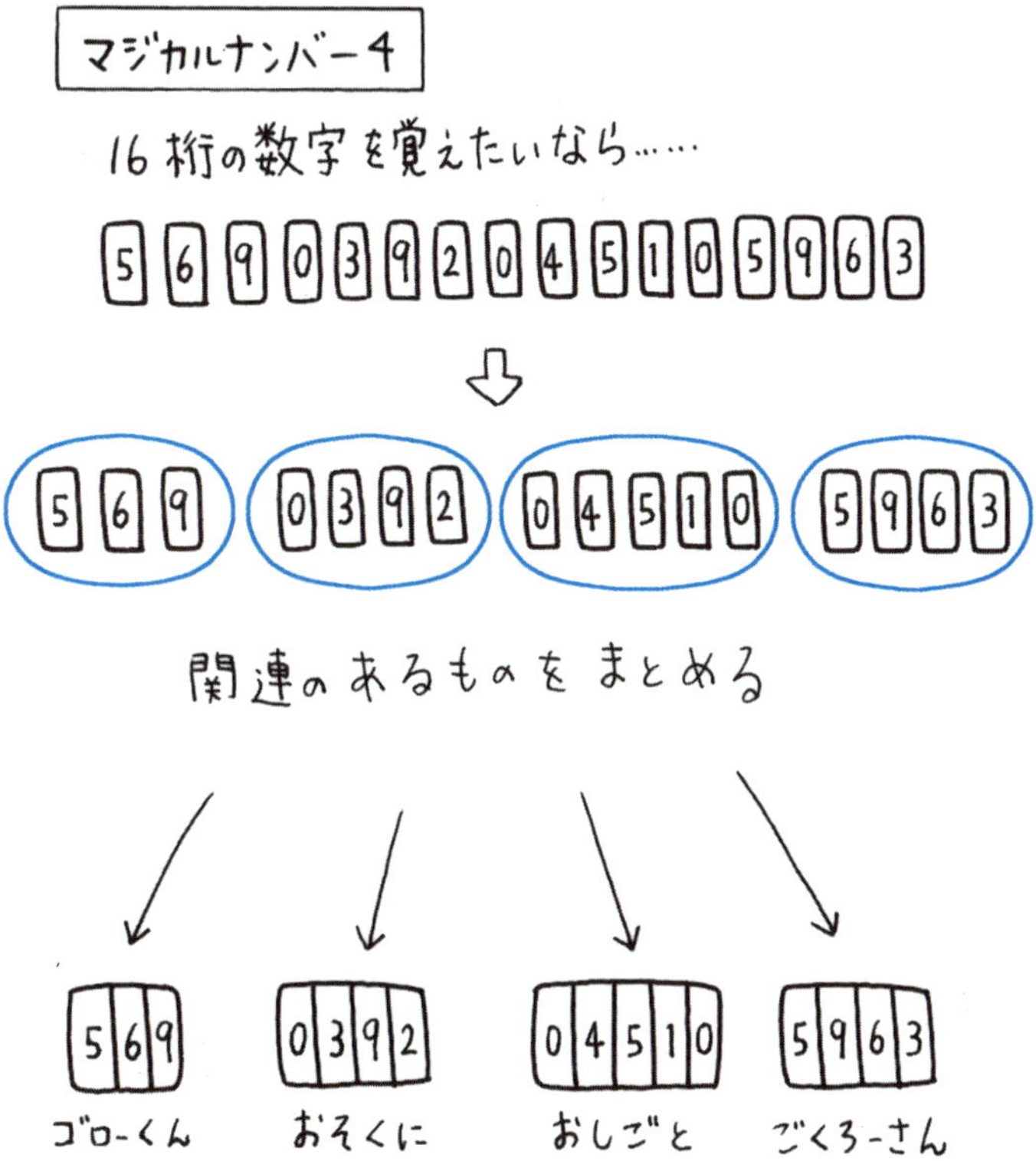
マジカルナンバー4
16桁の数字を覚えたいなら……
5 6 9 0 3 9 2 0 4 5 1 0 5 9 6 3
5 6 9
0 3 9 2
0 4 5 1 0
5 9 6 3
関連のあるものをまとめる
5 6 9
ゴローくん
0 3 9 2
おそくに
0 4 5 1 0
おしごと
5 9 6 3
ごくろーさん

Q24

【暗記法】覚えることが多すぎてどんどんこぼれてしまいます

覚えることはむしろ増やせ！その方が記憶に残りやすい

次の８つの英単語を覚えてください。何度か声に出してみましょう。

milk use over crying it spilt no is

覚えたらページを伏せて、８つの単語を思い出してください。

いかがですか。思い出せましたか？　では今度はどうでしょう。何度か声に出して覚えてみてください。

It is no use crying over spilt milk.

これは「覆水盆に返らず」という有名なことわざなので知っていた方もいたかもしれませんが、「関連のない単語の羅列」よりも「ひと続きの意味のある英文」の方が、覚えやすかったのではないでしょうか。これも「マジカルナンバー4」効果というべきものです。

最初の単語の羅列の場合、全部で8つのチャンクに分かれていましたが、ひと続きの文になるとチャンクは1つです。もちろんチャンクを構成する構成要素の数にも限界はありますが、これくらいの短い文ならば、充分ひとまとまりとして認識できるでしょう。グッと記憶に残りやすくなったのはそのためです。

また、例えば円周率のように、お互いに関連性のない無意味な数字を機械的に暗記するよりも、先の英文のように意味のあるものを記憶する方が、覚えやすいうえにその後長期にわたり記憶が保持されることもわかっています。これは「ワーキングメモリ」が一瞬の記憶であり、直後には消えていくものであることと関連しています。

円周率を10万桁も暗記している円周率暗記の第一人者である原口證氏は北海道松前藩の武士の壮大な物語を作り「産医師異国に向こう。産後厄なく産婦みやしろに……」と語呂合わせにして覚えているそうですが、そうして数字に意味を持たせないと、短期記憶は瞬く間に記憶から消えてしまうのです。

覚えても覚えても頭の端から覚えたことが転げ落ちてしまうタイプの子がいますが、その要因は覚えたことがバラバラで他の記憶との連関が薄いからにほかなりません。記憶というのは神経細胞ネットワークのことであり、それはそれぞれの情報の関連性に基づいて強くなったり弱くなったりします。つまりお互いの情報同士の関連性が強ければ強いほど、より強固な神経細胞ネットワークが形成されて、記憶が強固になるわけです。

ワーキングメモリは暗記するうえで確かに重要ですし、物事を考えたり問題を解いたりするときには必要不可欠な能力ですが、それだけでは記憶は完結しないのです。

かといって意味のない数字の羅列にいちいち意味を持たせることは難しいですよね。

そこで用いるのが「かたまり暗記法」です。あえて**情報量を増やして関連性の強い事項をまとめ、大きなかたまりとして覚える**のです。一つ一つの情報量は増えますが、意味が付与されるのでその方がかえって覚えやすくなることもあるのです。

例えば前項で出てきた織田信長について覚えようと思ったら

「1560年に桶狭間の戦いで駿河（静岡）の今川義元を破り、後顧の憂いを断って1568年に足利義昭を奉じて京都に上洛」

「1570年に姉川の戦いで浅井長政を撃破、浅井軍をかくまったことを理由に1571年に比叡山焼き討ち」

「信長と対立した足利義昭が助けを求めた石山本願寺と1570年に対立しその後1573年に足利義昭を追放して室町幕府が滅亡する」

「1575年に長篠の戦いで武田勝頼と雌雄を決するが1582年に部下の明智光秀に本能寺で討たれる」

こうするとチャンクは4つになりますね。一つ一つのチャンクは情報量が増えましたが、その代わりそれぞれに物語ができて「エピソード記憶」としても定着しやすくなります。

さらにこの学習法の良いところは、まとまりを考える時に自分の学習が進むという点です。バラバラのことがらを関連づけるにあたって、それぞれの事柄に関していろいろと調べる必要が出てきますね。例えば先ほどの例で言えば、最初は「1570年姉川の戦い」「1571年　比叡山焼き討ち」の二つの情報だけだったものが、そこに「浅井長政を撃破→比叡山が浅井軍をかくまう」という新たな情報が加わりました。こうして調べ学習することにより自然と知識も増えていくわけです。

闇雲に覚えるのではなくまとまりで覚える、そして覚えるためのまとまりを考える、するとそれ自体が学習になる。まさに一石二鳥の学習法です。

かたまり暗記法

一見バラバラに見えるコマ切れ情報の
中から関連性を見つけ

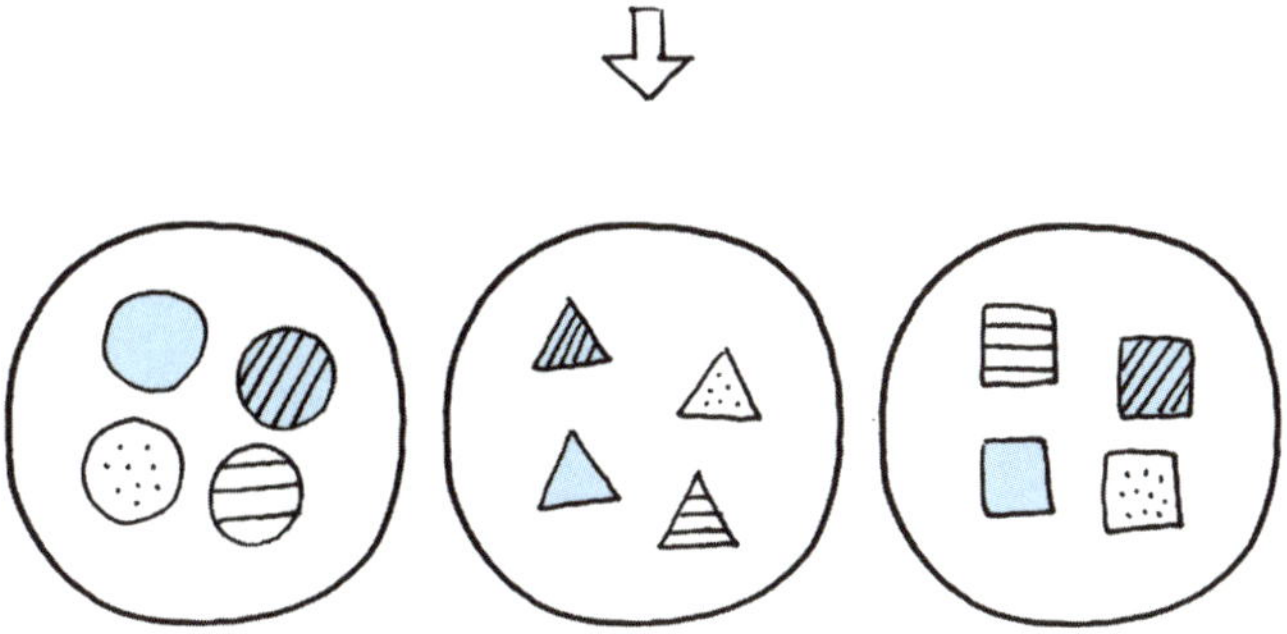

かたまりにして意味や物語性を
持たせ、記憶しやすくする

Q 25

【暗記法】同じ問題を何回も解くことに意味はありますか？

大ありです。問題は答えを覚えるほど繰り返しやれ！

新しいことを覚える時に、皆さんはどうやって覚えていますか。例えば看護師免許を取る際には心臓の構造について血管の名称や弁の名前などを丸ごと暗記していくことになるのですが、一般的にはまず次ページのようなイラストをつかって、名称部分にマーカーを引き、赤い暗記シートで隠したりして暗記していくことになりますよね。当然名称なども、最初は場所で覚えることになります。イラストを元に名前を覚えていくわけですから、当然そうなります。しかし実際の試験で出題されるのは次のような問題です。

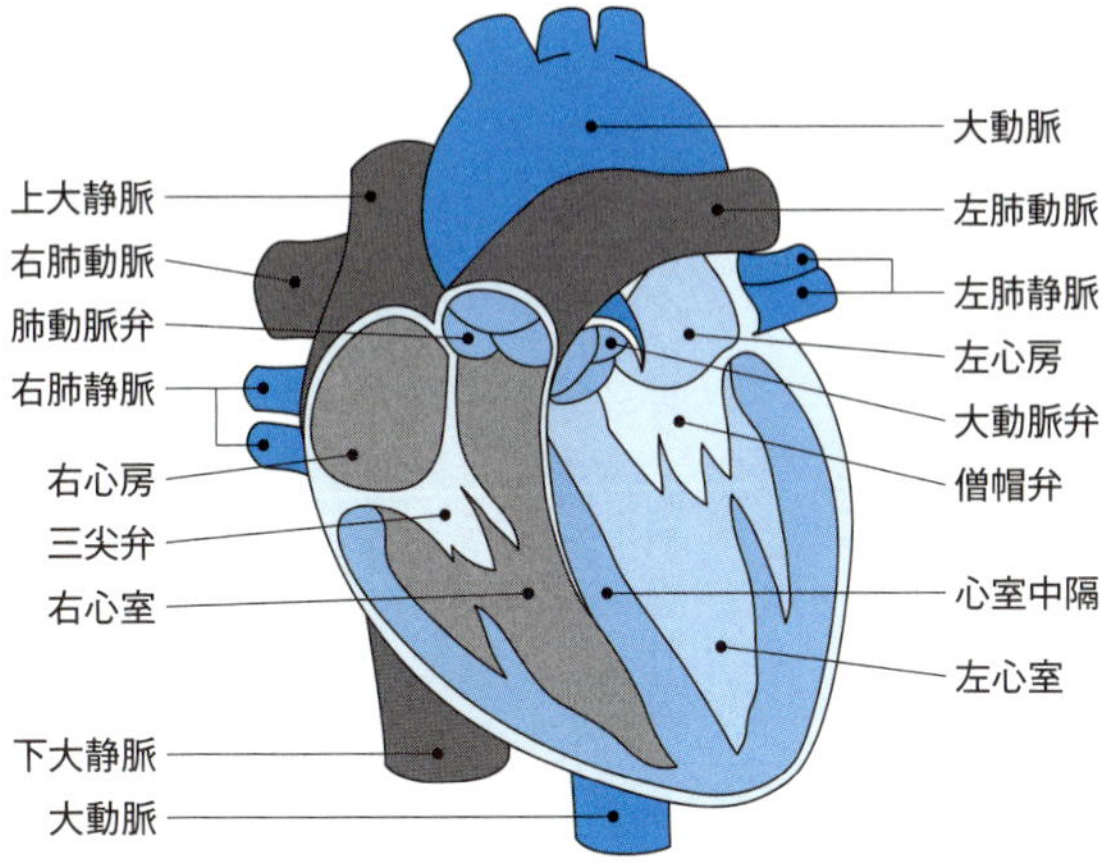

左心室から全身に血液を送り出す血管はどれか。
1．冠状動脈　2．下大静脈　3．肺動脈　4．肺静脈　5．大動脈

出題時には心臓の図は示されませんので、確かにイラストの場所で覚えていては、問題に対応できないような気がします。しかし問題形式がどうであれ「名称を図の場所で覚える」ことには大きな意味があります。なぜならば、そもそも単語が頭に入っていなければ選択問題を解くことすら難しいからです。まず名称をとにかく頭に入れること、それが暗記の第一歩だろう

と私は思います。

しかし世の中には、なぜかこれを是としない風潮があるようです。「場所で覚えるなんてとんでもない」「それでは勉強にならない」と主張する教師がいまだにたくさん存在します。

例えば社会の一行問題集などを繰り返し解くと、やがて「P7の上から3段目の解答欄の答えは大政奉還だ」などと覚えてしまうため、問題を読まずに答えがわかってしまうから意味がないという主張です。確かに一理あるように思えますが、「意味がない」と断じる前にまずは用語が頭に入ったことを認め、次のステップに進むようにアドバイスすればよいのではないかと思うのです。

すなわち「大政奉還」という言葉は頭に入ったわけですから、今度はいろいろなタイプの問題を解くことで、どんな風に聞かれても切り返せるようにしていけばよいということです。

「江戸幕府が持っていた権力を天皇に返すことを何というか」

「1867年に徳川慶喜が天皇に政権返上を奏上した出来事を何というか」
「これによって265年続いた江戸幕府が終焉を迎えた出来事を何というか」

いずれのように聞かれても「大政奉還」と答えられるようになっておくことが大切です。しかしそもそも「大政奉還」という言葉が頭に入っていないとこれはかないません。であるならば、どんな方法であれまずは用語をきちんと頭に入れていくことが重要となるはずです。たとえ解答欄の場所で覚えていたとしても用語が頭に入ったのならば、問題はないはずですよね。その後の学習に一工夫加えればいいだけですから、途中の過程にいちいち目くじらを立てる必要はありません。

また最近では多くの中学入試において、社会の用語は漢字指定となっています。漢字を覚えようと思ったら何度も繰り返し書くしかありません。例えば「燕子花図屏風」とか「東海道中膝栗毛」などは固有名詞に当たるため、小学校の国語の教科書に出てこない「燕」や「膝」という漢字も書けるようになる必要があるのです。これは小学生にはなかなか大変な作業です。漢字練習帳にも出てこないわけですからね。その作業を、同じ問題を繰り返し解くことでできるのだとしたら、ますます意味のある学習法ということになります。

解答欄の「場所で覚える暗記法」のやり方はこうです。まず塾で使用されているテキストの問題部分のコピーを3部取ります。1度目はテキストを見ながら解き、2度目はテキストを見ずに解くのです。そして3度目はその授業がおこなわれた週の週末に解くわけです。こうすれば適度に忘れた頃にもう一度問題を解くことになり、「リハーサル効果」からより強固に記憶づけられることになります。リハーサル効果とは**同じ作業を繰り返しおこなうことで、短期記憶が固定化されて長期記憶へと移行する**効果のことを指します。ピアノの発表会や学芸会などで繰り返しリハーサルをおこない、間違えないようにするのもこの「リハーサル効果」を狙ってのことです。

たとえ古い頭の先生に批判されても、ぜひこの場所で覚える暗記法をおこなってみてください。

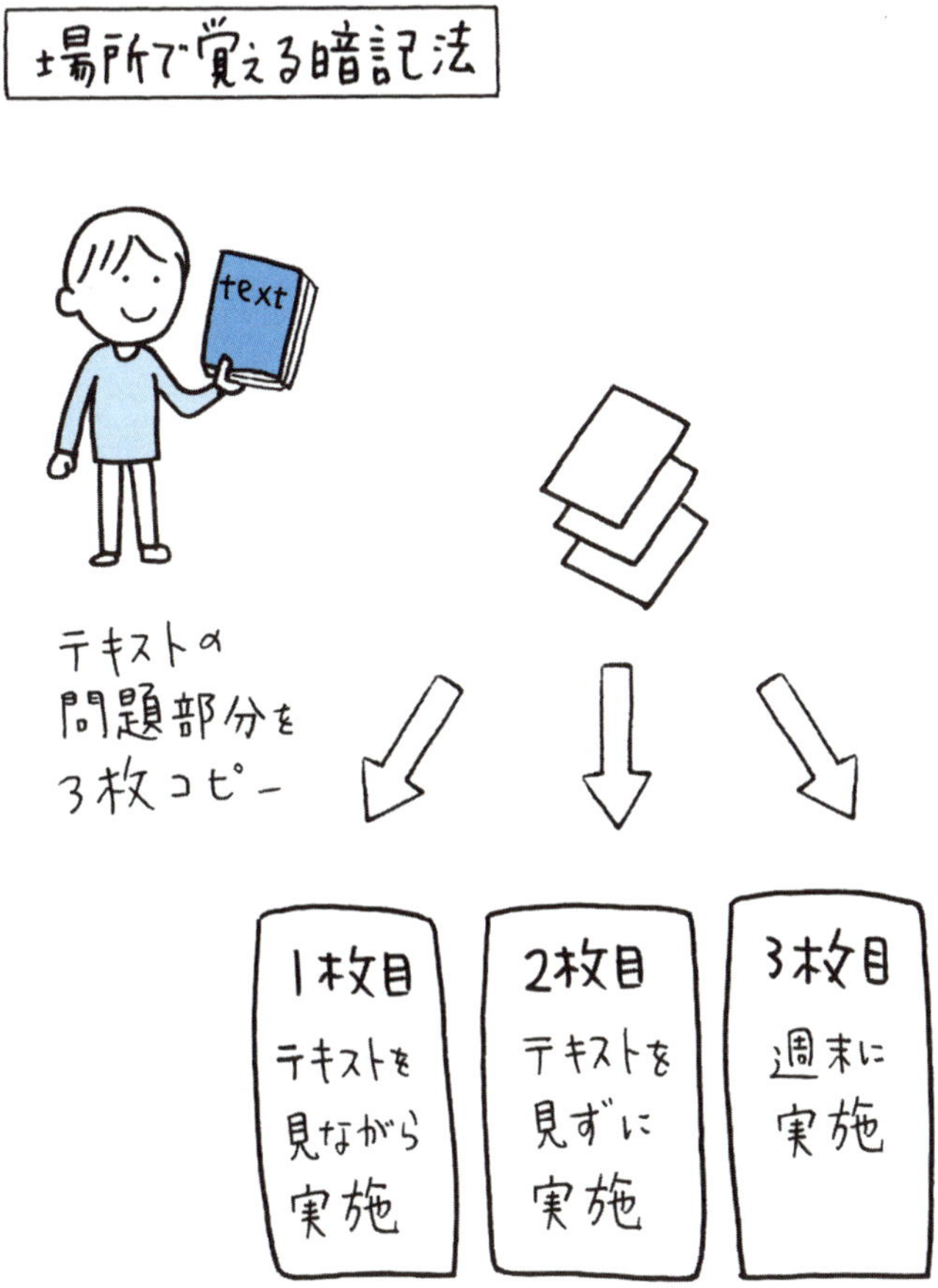
場所で覚える暗記法
text
テキストの
問題部分を
3枚コピー
1枚目
テキストを
見ながら
実施
2枚目
テキストを
見ずに
実施
3枚目
週末に
実施

Q 26

【学習法】アンダーラインを引くことは、暗記に役立ちますか？

ズバリ役に立ちません！むしろテキストにアンダーラインは引くな！

塾の授業の時にテキストに一生懸命、マーカーなどで線を引いている生徒をよく見かけます。頑張って勉強しているなあといった感じで、とても健気ですよね。お母さんがそんな頑張るわが子の姿を見たら、思わずホロリとしてしまうのではないでしょうか。

しかしお母さん、残念ながらあなたのお子さんは勉強の仕方を間違えています。テキストにいくらアンダーラインを引いても、残念ながらお子さんの脳には覚えるべき単語や年号は、染み込んではいきません。逆にアンダーラインでテキストが汚れていけばいくほど、あなたのお子さんの成績は停滞していきます。できる生徒のテキストはむしろとてもきれいに残されていることが多いものです。そのため、できる子のテキストはその後塾に寄贈されて、テキストを忘れた子用の貸し出し用教材として活用されたりしています。

なぜテキストにマーカーを引いてはいけないのでしょうか？

例えばこんな例を考えてみましょう。

「794年に桓武天皇が都を平安京に移した」

テキストにこう書かれていたとしますね。この場合、覚えるべき内容としては「794年」「桓武天皇」「平安京」となります。以上のキーワードにマーカーを引くとこんな感じになります。

「794年に桓武天皇が都を平安京に移した」

覚えるべき単語に線を引くと一文のほとんどに線が引かれることになるわけです。そうすると、線ばかりが増えてかえっていったいどこを覚えたらよいのかわかりづらくなってしまいます。そもそもテキストというのは重要な内容のみをピックアップしているわけですから、重要な単語にマーカーを引いていこうと思ったら、テキストのほとんどに線が引かれてしまうのは当然のことです。一生懸命マーカーで線を引いている生徒のテキストほど、黒塗りの公文書のような状態になってしまっているものです。

ではどうしたらよいのでしょうか。どうしてもマーカーを引きたいのであれば、逆転の発想でいきましょう。「覚えたら線を引いていく」ようにするのです。つまり「794年」を覚えたらそこにマーカーを引く、「桓武天皇」を覚えたらマーカー、「平安京」を覚えたらマーカー。こうすれば自分がどこを覚えていないかが明確になり、またテキストがだんだん塗りつぶされていくことで達成感も得やすいはずです。この時塗りつぶす色を緑や赤にすれば、暗記シートで隠すことができるので、テキストを暗記用に用いることも可能です。しかし、テキストを暗記用に使用することはあまりおすすめできません。というのも暗記というのは机に向かって時間をとっておこなう学習ではないからです。それは細切れ時間や空いた時間におこなうべきで、家庭学習のうち何時間もガッツリ時間をとっておこなうのは、とてももったいないことです。

ではいったい、いつ暗記すればよいのでしょう。塾の行き帰り、トイレに入っている時、食事ができるまでのリビング、学校での休み時間、こうした細切れ時間を活用して暗記を進めることが望ましいです。使用する教材は、重くて大きいテキストではなく、暗記用の小さい本が良いでしょう。片手で広げられて、持ち運びにも便利で、細かい知識も網羅されていて、なおかつマーカーをいちいち引かずともあらかじめ暗記シートで隠せるようになっているものが使いやすいと思います。それを繰り返し使い、どこへ行くにも持ち運ぶようにしていれば、ボロボロになる頃には知識が頭に入っていると思います。テキストにマーカーを引くよりもはるかに効果的です。私のおすすめは『実用ことわざ小事典』(永岡書店)、『中学受験 ズバピタ社会』(文英堂)、また自著である『中学受験 ここで差がつく! ゴロ合わせで覚える理科85』(KADOKAWA)などです。ちなみに『実用ことわざ小事典』は、私が小学生の頃の愛読書でした。

しかし**暗記をするのに一番よい時間帯は、実は「授業中」**です。成績の良い子たちは、授業を受けながら同時に暗記を進めています。それが一番効率的でかつ楽なやり方だからです。賢い彼らは、家に帰って暗記をすることを面倒くさいと考え、授業を受けながら覚えてしまう努力をします。具体的に彼らはまず、授業中の集中度を高めて先生の話を一字一句聞き漏らさぬようにしています。そして覚えるべき年号や言葉を、習った直後に口の中でモグモグと復唱します。習ったら復唱、習ったら復唱。これを繰り返すことで、授業中に覚えるべきことの7〜8割は覚えてしまうわけです。

賢い子たちの学習法を見習い、授業中の集中力を高めてその場で覚えるようにすれば、暗記する手間が今よりもずっと省けますよ。頑張りましょう！

授業前に集中力をアップする
ムー！
ブツ
794感動
平安京
ブツ
794感動
平安京
授業中にブツブツ言って暗記
家に帰って覚えたところにマーカー

Q27

【学習法】予習と復習、どちらに時間を割くと暗記に効果的ですか？

予習3：復習7で両方やるのが効果的。ただし時間がなければ復習中心で

予習型と復習型、どちらの学習方法が効果的なのか、これは長らく教育界で議論され続け、いまだに結論が出ていない永遠の疑問です。最近では「反転授業」と呼ばれる新しい授業形態が注目を集めています。

「反転授業」とは、通常の学校でおこなう「先生が教壇に立っておこなう講義」と、家庭でおこなう「復習としての宿題」を反転させたものです。すなわち家庭で映像教材を用いて「授業」を予習し、学校で「演習」をおこなうというスタイルのものです。

反転授業が最新型の授業形態なら、やはり予習型の学習の方が、効果的なのでしょうか。

予習と復習のどちらが効果的かを議論する前に、「勉強ができるようになる」とはどういうことかについて理解しておく必要があります。

まず学習とは大きく分けて「インプット＝新しいことを学ぶ」と「アウトプット＝問題を解く」という二つの要素があります。授業を受けたり本を読んだりすることはインプットにあたり、テストなどで実際に問題を解くのはアウトプットにあたります。しかしそれだけでは学習は完成しません。よほど優秀な子どもでない限り、1回授業を受けただけでは、テストで満点をとれるようにはならないからです。どんな塾でも宿題が出されますが、この「家庭学習」にあたる部分が、どうしても必要になってきます。すなわち「インプット」と「アウトプット」の間に反復練習をして学んだことを定着させる時間が必要なのです。

反復練習の時間には、「インプット」と「アウトプット」両方の要素が混在します。塾で習ってきたことを使って宿題をやるわけですから、その点ではアウトプットということになりますが、アウトプットをして繰り返し練習することで、習ってきたことを再度理解しているわけですから、その点ではインプットということになります。この「インプット」と「アウトプット」を繰り返して反復練習する期間を「再構成」と呼びます。

さてここで本題に戻りましょう。予習と復習、どちらの方が効果的なのでしょうか。この問いはどちらにせよ、「イエス」であり「ノー」である、と言えます。つまり、「子どものタイプによって使い分ける必要がある」ということです。

もしあなたのお子さんが成績優秀なら、はっきり言って予習型だろうが復習型だろうがどちらでも学習効果を上げることができます。成績優秀であるということは、インプットとアウトプットのバランスが良いということであり、それらを効果的におこなっているからこそ成績が伸びているのです。言い換えれば成績を伸ばすには、インプットもアウトプットもどちらも重要だということです。

成績が伸び悩んでいる子、なかなか暗記が進まない子の多くは、①「インプット」の質が悪い（＝授業をよく聞いていない）か②「再構成」の質が悪い（＝家庭学習がきちんとできていない）か、その両方かのどれかです。成績改善をしたいのであれば、子どもが①と②のどちらであるのか、あるいは両方なのか、きちんと把握する必要があります。

もし①のケースであるなら、次回の授業の内容をお母さんが一緒に予習してあげましょう。そうすれば授業内容がよく理解できて「インプット」が改善します。②のケースなら、子どもが宿題をやるときにお母さんが横についていてあげてください。子どもがごまかすことなくきちんと宿題をし、わからないところをその都度解決し理解してゆけば、「再構成」の質は向上します。そうすれば、成績は上がります。

インプットとアウトプットを上手に繰り返すことができれば、記憶は強固になり、それは成績に良い影響を及ぼします。ですから「どちらを中心にするか？」というのは、全くの不毛な議論なのです。たとえ予習を全くしていかなかったとしても、**授業をよく聞き、家庭学習でしっかり復習すれば、きちんと成績は上がります**。繰り返しとなりますが、成績が上がらない生徒は、①や②のどちらかあるいは両方で、学習の質が悪いということです。子どもの学習の仕方のどこが悪いのかは、本人が気付くタイプならすでに成績は上がっているでしょうから、やはり親が気付いて修正するしかないのです。

そうはいっても「親はそこまで暇じゃない」とおっしゃる方もいらっしゃることでしょう。その場合は「予習3、復習7」を心がけるとよいと思います。塾の授業の前にテキストを一読させていきましょう。それだけでも授業中の理解度はアップします。そして帰ってきたらせめて宿題の丸つけはお母さんがやってあげるようにします。そうすると、子どもがテキトーに宿題をやっつける、という状態を阻止できますね。わかっていないところがどこなのかを親が把握しておくだけでも、成績の伸びはずいぶん違ってきます。

時々「そんなの塾が全部やってくれることじゃないの？」と言う方がいますが、塾の商品は授業という「インプット」です。「インプット」したことをきちんと理解して「再構成」するのは家庭学習しかありません。成績が伸び悩んでいるお子さんをお持ちの方は、学習の質をもう一度見直してみてください。

成績が伸びなやんだら

おうちでママが
教えて予習
(インプット)
塾で授業を
しっかり聞く
(インプット)
家で宿題
(再構成)
採点はママ
(その場でチェック)

Q 28

【学習法】うちの子、勉強量が少ないので覚えられません。机に向かわせる方法はありますか？

間違えたら最初の問題からやり直させせよ！そうすれば自然と学習量が増える

私は常々、学力とはかけた時間ではなくその精度に比例して上がっていくものである、と主張しています。ですから、学習に大量の時間をかけることには反対の立場をとっています。しかしながら世の中には、短時間でそれこそテキトーに学習を終わらせてしまう子どもも多く存在します。もちろんそういう子どもたちを長時間、机に縛り付けたところで学習効果が上がろうはずもありませんが、そういう子どもたちでも学習時間を伸ばし、かつ効果的に学習させる方法が一つだけあります。

それが「罰ゲーム学習法」です。

この学習法のやり方は簡単です。例えば「アブラナ科の植物を10個挙げよ」という問いに対して解答させていきます。答えは「アブラナ・ナズナ・ダイコン・ハクサイ・カブ・ブロッコリー・キャベツ・ワサビ・カリフラワー・カラシナ」などですが、途中で1か所でも間違えたら「最初からやり直し」をさせるのです。つまり4つ目のハクサイで間違えたら再び最初のアブラナから、9個目のカリフラワーで間違えても1個目のアブラナからやり直しをさせるわけです。たったこうするだけで子どもたちは必死になって覚えようとします。なぜなら最初からやり直しなんて面倒くさいことはしたくないからです。そして後半になればなるほど「間違えられない！」と必死になり、集中力も上がっていきます。集中力さえ上がれば、普段覚えられないことであっても、案外すんなり頭に入ったりするものです。学習効果の大部分を決める要素は本人の集中力ですので、子どもの集中力を高めることができれば、保護者や教師の仕事はほとんど終わったも同然なのです。

なお、この「罰ゲーム学習法」はいくつか実施要項があります。まず一つめは学習時間を決めることです。だいたい15分くらいがよいでしょう。といいますのも、子どもがこの学習を新鮮な気持ちで楽しめるのは15分程度だからです。

集中力の持続時間は、子どもの場合だいたい30分程度、大人でも平均すると45分〜50分程度であるといわれています。さらにそのなかでも波があり、だいたい15分くらいで集中力の高い状態と低い状態が繰り返されることがわかっています。

つまり、ダラダラと40分も50分も同じ暗記学習を続けるよりも、15分くらいで区切ってやる方がその15分間は集中できるというわけです。

もう一つの実施要項は、親が必ずジャッジメントとして参加することです。ひとりでやらせるとゲーム性が上がりませんし、第一子どもはずるをしてできたふりをします。もし可能なら家族でやるのがよいでしょう。お母さんやお父さんがライバルプレーヤーとなり、子どもと同じ学習をして競い合うのです。

この時難しいのは、親は大人げなく実力を発揮してはいけないということです。4：6くらいの割合で子どもに勝たせ、気持ちよく優越感を持ってもらう必要があります。大人ばかりが勝ちすぎると子どもはやる気を失いますし、子どもばかりが勝ちすぎても、張り合いをなくします。適度な緊張感を保ちつつ楽しくやるのがこの暗記学習のポイントです。

親が一緒に勉強するといいのは、「罰ゲーム学習法」に限ったことではありません。**普段の学習においても、例えば漢字や計算問題でも親が一緒に同じ課題に取り組むと、とても大きな効果を生みます。**

まず子どもに「勉強をして苦しい思いをしているのは自分ひとりじゃないんだ」と感じさせることができます。受験勉強とは孤独で苦しいものですが、誰か仲間がいると頑張れることはよくあります。私の塾では授業のない日には自習室を開放しているのですが、あえて友だち同士誘い合って自習に来るように生徒たちには勧めています。友だちと一緒だとおしゃべりに興じてしまうリスクももちろんあるのですが、キッチンタイマーなどを使って上手に管理してやると、複数で自習する方がはかどったり長時間頑張れたりするものです。

それに親が同じことを勉強していれば、子どもに質問された時にもスムーズに答えることができますし、逆に子どもに説明させて確認することもできます。人に説明するには自分がしっかりと理解できていないといけませんので、子どもに説明をさせるとそれが子どもの理解度のバロメーターにもなります。家にホワイトボードを設置することもおすすめです。塾で習ってきたことを親に説明させるためです。人にわかりやすく説明をしようとすると、頭の中で学習した内容をうまくまとめ上げなくてはなりません。それが脳を鍛えるのに役立ち、記憶を強固なものにしてくれます。親が子どもと同じことを勉強すれば、その学習法を効果的におこなうことができるでしょう。

子どもがやっている計算問題集を一緒にやるのが苦痛なら、中学受験の勉強でなくても構いません。ご自身も資格取得の学習を始めてみるのもよいでしょう。医療事務でも秘書検定でもちりめん細工でも何でも構いません。子どもと共に何かを目指して一緒に頑張れば、子どもの学習意欲も上がり、自然と勉強量も増えていくはずですよ。

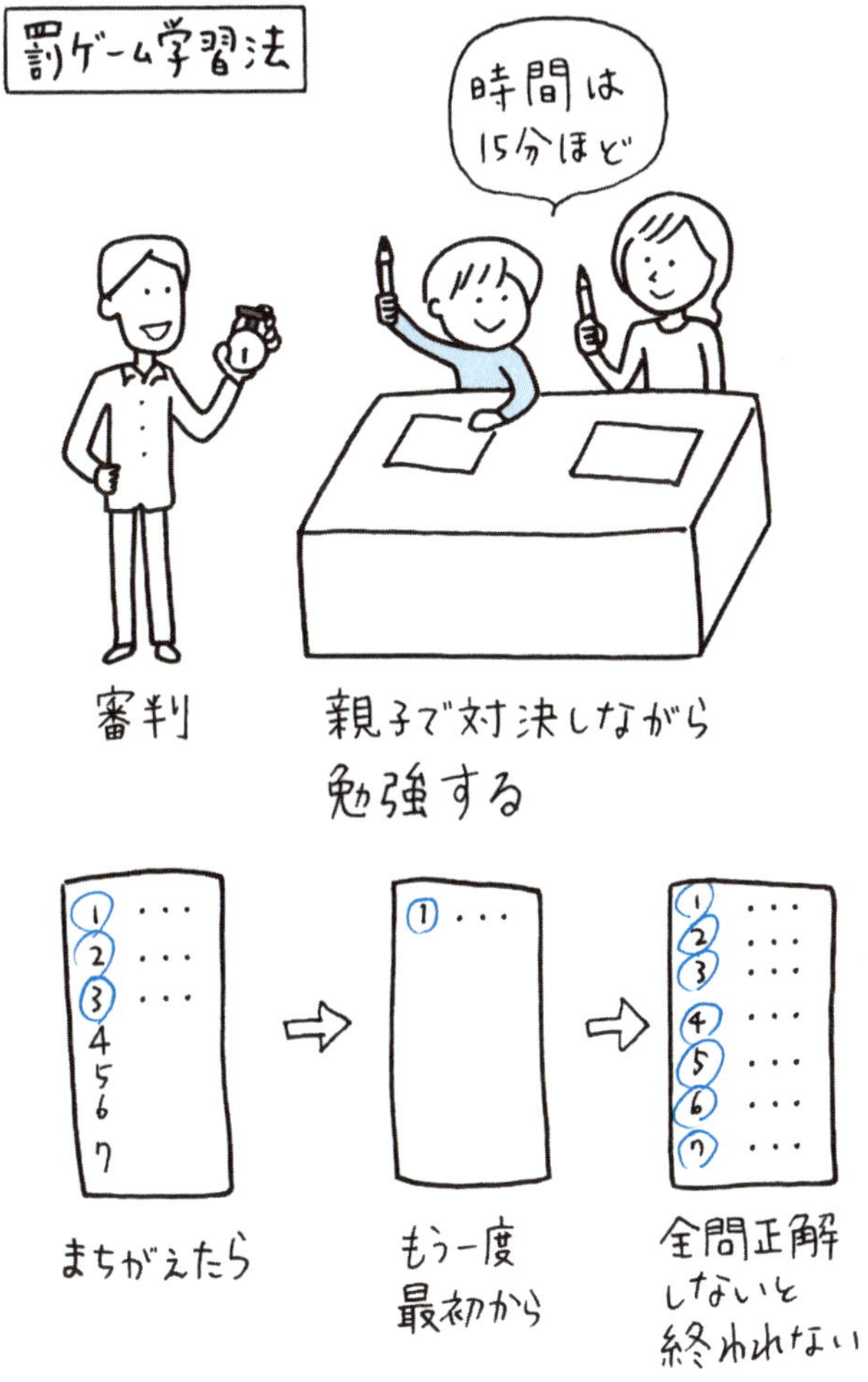
罰ゲーム学習法
時間は
15分ほど
審判
親子で対決しながら
勉強する
まちがえたら
もう一度
最初から
全問正解
しないと
終われない

Q 29

【学習法】暗記が得意です。社会や理科に力をいれるといいのでしょうか?

暗記が得意なら授業中の集中力を高めて理科・社会は授業内で完結させよう

暗記が得意なお子さんを持つ方がこの本を読んでいるとは思えませんが(笑)、こうしたご質問にも一応お答えしておきましょう。でも最後に暗記のヒントが書いてありますので、暗記が不得意なお子さんをお持ちの方も「うちには関係ない」と言って読み飛ばしたりしないでくださいね。

暗記が得意なお子さんは算数や国語でも安定した成績を残せているケースが多いと思いますが、理科や社会が得意科目である場合、ついついその得意科目に時間を割きがちです。しかし暗記が得意なのであれば、暗記科目に時間をかけるのはもったいない話です。

せっかく理科や社会が得意なのですから、ここは自らの暗記力と集中力を総動員させて、授業の中で知識を片っ端から覚えてしまうようにしましょう。そうすればわざわざ家に帰ってきて暗記に時間をかける必要はなくなります。前述したとおり、成績の良い生徒たちは、暗記事項をほとんど授業中に覚えてしまっているものです。その方が家に帰ってから覚えるよりも、はるかに効率的だからです。

そしてその分の余った時間を、算数・国語・理科の計算分野や社会の記述力アップに費やすようにしましょう。算数・国語・理科の計算分野・社会の記述は、暗記の学習に比べて一つ一つの問題を解いたり、それを復習したりするのに時間がかかります。間違えた問題を直すのにも、知識問題の間違い直しをするよりもずっと多くの時間を要します。暗記にばかり時間をかけてしまうと、そうした思考系の科目にかけられる時間が減ってしまいます。これは大変もったいないことです。

もったいないというのは、暗記が苦手な子どもたちにとっても無関係な話ではありません。授業中に、例えば覚えるべきことの3分の1でも覚えてしまうことができれば、単純計算ですが暗記に必要な家庭学習の労力は3分の2で済むはずです。その分他の科目に時間を充てることができるため、さらに成績をアップさせてライバルたちに差をつけられるわけです。暗記が苦手であると自認する生徒は、授業中の集中度を高めて、覚えられることは授業中に覚えてしまうようにしましょう。その方が、家に帰ってから暗記の勉強をするより、ずっと楽なはずですから。

授業での集中力を高めておき、覚えるべきことの一部でも覚えておくと、別の効果がもたらされます。授業で習ったことを、塾からの帰宅途中にも復習することが可能になるわけです。

インプットした情報を頭の中で繰り返すことを「リフレイン」といいます。リフレインの具体的なやり方はこうです。まず授業の最初から思い出していきます。今日習った単元のタイトルを思い出し、どんなことが板書に残されたかを思い出します。そして先生の口ぐせなどを真似ながら、授業を再現していくのです。この時先生の雑談なども一緒に思い出すとよいでしょう。実は記憶は、理路整然と整理されたものよりも雑多なものが混じっている方が強固になりやすいものなのです。いろんな要素が混じりあった記憶ほど、後々まで残っていきます。ですから、先生の口ぐせやよくする動きなどを覚えておいて、それもあわせてリフレインしていくのがよいでしょう。

徒歩で・自転車で・バスで・電車で、今習ってきたことを頭の中で反復してみましょう。通塾の交通機関はさまざまだと思いますが、その学習上無駄ともいえる時間を有効活用できるうえ、暗記が促進されるなんてまさに一石二鳥です。徒歩や電車の一定のリズムや振動も、脳内の知識の整理には役立ちます。散歩しながら学習すると効果がアップする、それと同じことです。

その際、習ったことの順番をわざと変えてみたり、派生事項をミニ参考書で調べてみたり、ちょっとした変化をつけるとさらに効果的であることが知られています。

フランスの哲学者・ジル・ドゥルーズの言説によると、同じことを機械的に繰り返す行為を「反復」といい、そこから新しいことが想像されたり変化が生じたりすることはなくても、「差異」を意識しながら反復を続けることで、新しい創造的な活動が生じたり学習と成長が促進されるといいます。

単純な繰り返しではなく、ちょっとした変化や工夫が、新しい未来を生み出すという主張です。これに倣って、「差異」を意識して学習を行っていくようにしましょう。友だちと一緒に帰っている子なら、お互いに問題を出し合ったりするのも効果的です。問題を出題するためには、知識が正しくきちんと頭に入っている必要があります。あいまいな知識はクイズにはできませんよね。友だちと問題を出し合うというのは、答える側だけでなく出題する側にもメリットがあるのです。

お父さんと一緒に帰るなら、その途中で今日習ったことをお父さんに説明してあげてください。

授業での集中力を高め、内容をきちんと理解して覚えていると、それを上手に活用して楽に暗記効果を高めることが可能なのです。ぜひやってみましょう。

794感動
平安京
794
感動
平安京
授業を受けながら暗記
1人でリフレイン
794年に
平安京へ
……
平安京に
都が移った
のはいつ?
794年!
お父さんとリフレイン
(お父さんに解説)
友達とリフレイン
(問題出し合いっこ)

Q 30

【学習法】暗記が苦手です。私立は諦めたほうがいいですか？

暗記が不得意な人間など、この世には存在しない

よくあるご質問に、「うちの子本当に記憶力がなくて困っています」というものがあります。確かに授業をしていても、「あーこの子はなかなか知識が入っていかないタイプだなぁ」と思うことはあります。しかし「覚えるのに時間がかかる」とは思っても、「記憶力がない」とは絶対に思いません。私は「(何かの病気でない限り) 記憶ができない人間などこの世にはいない」と考えています。

もし記憶力がなかったら、社会生活を営むことが非常に困難になるはずです。日常

生活を円滑におこなうためには、記憶は欠かせないものです。幼稚園や小学校で友だちになった子の顔と名前は当然覚えますし、仲のいい子の誕生日や家族の生年月日も覚えるでしょう。どんな子でも自分の家の住所や電話番号は覚えるでしょうし、自分の身長や体重も覚えます。そもそも日本語を操れる時点で、その人は相当な記憶力をもっていると言えます。なぜなら日本語は世界でも有数の単語数の多い言語だからです。記憶力がないのであれば、ひらがな・カタカナ・漢字の3種類の文字を巧みに操る日本語などマスターすることはできないはずです。ですから「記憶力がない」といって悩む必要などないのです。

実は学習が進まない、あるいはなかなか覚えられない子には共通するある特徴が存在します。それは「学習と日常生活を切り離してとらえがち」だということです。

例えば小学校4年生の算数では次のような問題が出されます。

「69個のあめ玉をある人数の子どもたちに配っていったところ、6個余りました。考えられる子どもの人数で最も少ない人数は何人でしょう。」

算数が得意な子ですとすぐに「69個配って6個余ったわけだから、まず69－6を計算しよう」と考えます。ところが「学習と日常生活を切り離してとらえがち」な子どもは、あめ玉を何人かの子どもたちに配る、という場面を想像することができず、「余り」という語感だけから、69＋6、とやってしまったりします。こういうタイプの子どもが最初に69－6という計算を選ぶのか69＋6を選ぶのかはほとんどランダムで、正解にたどり着ける確率はその時点で50％に下がってしまいます。これでは成績がなかなか上がっていかないのもうなずけますね。

しかし子どもたちが「学習と日常生活を切り離してとらえがち」な子になってしまう最大の原因は、もしかしたら親の声かけのせいかもしれません。

皆さんはお子さんに「勉強しなさい」という声かけを、毎日のようにしていませんか。この言葉こそ、子どもたちを勉強嫌いにし、「学習と日常生活を切り離してとらえがち」な子どもにしてしまっているのです。

「勉強しなさい」と親に怒られて、楽しいと感じる子どもはいませんよね。すると子どもたちの脳には「勉強＝楽しくないもの」というイメージが出来上がってしまいます。楽しくないものは当然、日常生活からは切り離してしまいたくなります。なぜなら、私たちにとって日常生活は快適なものであるべきだからです。そのために「学習と日常生活を切り離してとらえがち」な子どもに成長してしまうわけです。

少し怖い話をしますと、子どもは慢性的に心的外傷にさらされると「痛くはない」「これは自分の身に起こっている出来事ではない」などと自己催眠をかけ、身体的に避けられない苦痛から精神的避難をしようとします。それによって事態を乗り切ろうとするのです。そのため保護者から児童虐待を受けた経験のある子どもの中には、多重人格などの症状を示すようになるケースもあるのです。すなわち日常生活の中に何人も、自己と切り離した存在をつくってしまうわけです。

「日常生活と勉強の切り離し」を回避するために必要なことはただ一つです。**「勉強しなさい」という声かけをやめてみましょう。**「勉強しなさい」と声かけしても、子どもたちは脳のスイッチをオフにしてしまうため、たとえ勉強をさせることができたとしても、かえって学習効率を下げてしまいます。大切なことは「楽しいこと」と「学習」の垣根を取り払う努力を、親の側がすることです。

地理を学ぶときには家族みんなで「都道府県パズル」や「桃太郎電鉄（できるだけ初期のもの）」で楽しんだり、歴史を学ぶときには「歴史マンガ」を読ませたりすると、学習がだんだん日常生活の中に入りこんでいきます。子どもに「学習マンガ」などだけを与えるようにすると、子どもたちは他に読むものがないからと、あきらめて学習系のマンガを読むようになるものです。

テレビを見せることは、私は基本的には反対の立場なのですが、例えば私自身も小学校の頃「野生の王国」というテレビ番組が大好きで、そこからさまざまな知識を吸収していたということもあります。そうした知識・教養系の番組であれば、子どもに見せてもよいかなと思います。現代ならば「ブラタモリ」とか「ザ！鉄腕！ＤＡＳＨ‼」のような番組がおすすめですね。

周囲が、子どもが日常生活の中で自然と学びに入っていける環境を整えてやることが大切です。「勉強しなさい」という声かけ、ぜひ今日からやめてみてくださいね。

勉強しなさい!
マンガはダメ
テレビもダメ
「勉強しなさい!」はダメ
学習マンガならOK
ブラタモリならOK
「一緒にがんばろう!」

Q 31

【学習法】目から情報を取るのが苦手です。どのように暗記をしたらよいでしょうか?

自分の声を録音して、それを聞きながら覚えよう

名優トム・クルーズは識字障害という学習障害であることを公表しています。識字障害とは、脳が言語をうまく処理できない状態のことをいいます。文字を読む速度が非常に遅い、文字を不正確に読んでしまう、単語の文字の順番を入れ替える、新しい言語を覚えることができない、といった症状が特徴です。

例えば私たちは「猫」という漢字を読んだり、「ねこ」という文字の配列を見ると、動物のネコの姿を思い浮かべることができます。しかし識字障害の人は「ね」「こ」という一文字一文字は読めても、それをひとまとまりにして「ねこ」と認識すること

が難しいのです。中には文字がにじんでしまったりぼやけたり二重に見えたり浮きあがって見えたりする人や、鏡文字や点描画に見える人もいます。

日本経済新聞によれば、「書く」「聞く」「計算する」など特定の分野の学習に困難を示す学習障害（ＬＤ）の可能性があるのは、通常学級に通う小中学生のうちの４・５％だそうです。20人に１人というのは結構高い確率といえます。アメリカには15人に１人という統計データもあるようです。映画監督のスティーヴン・スピルバーグや俳優のキアヌ・リーヴスらは、自らＬＤであったことを告白しています。他にも著名人の中にＬＤである人はたくさんいます。

では彼らは、暗記というものが一切できないのでしょうか。もし暗記ができないのなら、例えばトム・クルーズら俳優は、セリフを覚えることができず仕事になりません。ＬＤだからといって台本を記憶しなくてもよいということはないはずです。しかし文字を読むことが困難なのに、トム・クルーズはいったいどのようにして台本を暗記したのでしょうか。彼は母親やアシスタント、マネージャーに台本を読ませて録音し、それを繰り返し聞くことでセリフを覚えたそうです。もちろん普通の人よりも何倍も時間と労力がかかったことでしょう。しかし彼は決してあきらめることなく、暗記を成し遂げたのです。

この事例から私たちは二つのことを学ぶことができます。一つは、覚えられないからといって簡単にあきらめないということです。途中であきらめてしまっては、それを達成することは永久に不可能となってしまいます。アカデミー賞女優であるアメリカのオードリー・ヘプバーンはこんなしゃれたことを言っています。

impossible（不可能）なことなど何もない。この言葉自体がそう言っている。I'm possible（私にはできる）と。

日本のマンガにも「あきらめたらそこで試合終了だよ」というセリフがありました。多くの著名人の談話や作品で、あきらめないことの重要性が語られています。

そしてもう一つは、暗記の方法論に関する示唆です。暗記は何も「たくさん書く」

だけがそのやり方ではないということです。Q１でも書きましたが、漢字が覚えられないからといって漢字練習を80回も課す教師は、はっきり言って旧世界の遺物のような存在です。罰ゲームの量を増やしても仕方がないのです。多くの人は親や教師から、「覚えられないのなら覚えるまで１００回でも２００回でも書け」などと言われて育ちました。だから暗記と言えば書いて覚えるものだと思い込んでいるだけで、書く回数を増やせば知識の定着率が上がるなどという科学的根拠はどこにもありません。

記憶とは「神経細胞ネットワーク」のことです。そして神経細胞ネットワークを効率よく増やす方法は、脳により強い刺激を与えることです。ただ書くという単純作業ではなく、複数の刺激を組み合わせてやることが記憶を強固にするコツです。目から情報を取ることが苦手な子どもなら、「聞いて覚える」という方法もあるのだということを私たちは知っておく必要があります。

まず覚えたいことをスマホやタブレットに録音しましょう。あとはひたすら聞いて覚えましょう。**覚えたいことを自分でしゃべりながら書いて、自分の声を耳で聴きな**

がら覚えるのも有効だと思います。

また、身体を使って覚えるのも効果的です。学習障害のある人の中には、ダンスやサッカーがうまかったり、得意なスポーツがあるケースが多いのですが、例えばダンスなら振り付けやステップを覚えなければなりませんよね。歴史年号は覚えられないけれどダンスの振り付けが覚えられるのはなぜでしょう。それは、身体を使って覚えているからです。脳に記憶させるのではなく身体に記憶させるのです。そうすれば覚えることが苦手な人でも、いろいろなことを覚えられるはずです。ダンスをしながら覚える、体操をしながら覚える、歌を歌いながら歌詞にして覚える、階段を上り下りしながら覚える、暗記のしかたは自由で無限です。

五感を駆使して、あきらめずに粘り強くやれば、必ず道はひらけますよ。がんばりましょう！。

文字を読むのが苦手な人は
???
ただ読むのではなく
スマホに録音
してそれを聴く
ダンスしながら
覚える
歌を歌いながら
歌詞にして覚える

Q 32

【学習法】聞くことが苦手です。どのように暗記をしたらよいでしょうか？

授業前に予習をしておくと効果的

以前、私の塾に、授業がなかなか理解できない生徒が入塾してきました。少し理解に時間がかかるタイプの子かと思い、繰り返し丁寧に説明するのですが、何度説明してもあまり理解が進みません。そして何度も聞き返すなど、私の説明が聞こえにくいようなそぶりを見せていました。そこで保護者の方に連絡をして、難聴の検査を受けてもらったのですが、専門病院の診断結果は異状なし。これはもしかしたら中学受験は少々難しいのかなと思っていました。

ところがその生徒は、意外にと言っては失礼なのですが、模試などの成績は特に悪くはありませんでした。不正をしているふうでもありません。そこで本人によくよく聞いてみると、授業の内容は、写し取った板書とテキストを読み込むことで理解できたというのです。この生徒は難聴などではなく、いわゆる発達性読み書き障害（ディスレクシア）の中の「音韻処理不全」と呼ばれる学習障害（ＬＤ）の一種だったのです。

そこでこの生徒に「授業前にテキストをよく読んで予習をしてきてみてはどうか」とアドバイスをしました。すると以前よりもずっと、授業内容を理解できるようになり、かつ成績も以前にもましてグッと上がっていきました。最終的には無事に第一志望の私立中学に合格することができたのです。

「音韻処理不全」とはいわゆる「難聴」とは異なります。難聴は耳や聴覚神経などの機能不全により、実際の音が聞きづらい症状のものを指します。それに対して「音韻処理不全」とは、音を聞き分けたり、文字と音を結びつけて認識したりすることが難しい状態を指します。音は聞こえているのですがそれを言葉として認識するのが難しいため、人の話をきちんと理解できないのです。あるいは聴覚の「音の認知と記憶」

に問題があり、「ヒト」と「ヒット」を混同するなど、音そのものがうまくとれない子もいます。そのため「人の話をよく聞いていない」と先生から叱られたりします。

ヒトは通常、言葉を音として記憶しながら読んだり話したりするのですが、例えば「音韻処理不全」の人は聴覚記憶が苦手なため、音韻処理と記憶を同時におこなうことが困難で、音読などもなかなか上達していきません。テキストなどを声に出して読むということが難しい場合もあります。

先に挙げた生徒は極端な事例ですが、子どもの中には人の話を聞くのが苦手な子が少なからず存在しています。こちらが質問した内容を自分で反復しなければ質問内容を理解できない子もいます。そういう子に「授業をもっと集中して聞きなさい」と小言を言っても、改善するものではありません。日本人が外国人同士の会話の中でポカンとしてしまうのと似ていて、すごいスピードで進んでいく授業を理解することがそもそも困難なのです。集中力に欠けるために授業についていけないと誤解されがちなのですが、原因は集中力にあるわけではありません。

そういうタイプのお子さんには、テキストをきちんと読むことをおすすめします。授業を1回聞いただけではなかなか理解できないわけですから、最初から「2回目を聞く」感覚で臨むわけです。そうすれば初めて聞く内容の授業であっても、理解することが可能となるでしょう。ただ「読む」だけでも随分と違うはずですが、前もって予習をしていくとより効果は大きいと思います。

また、暗記法にも工夫が必要です。一般的に暗記を固めるには「口頭試問」が効果的と言われます。「口頭試問」とはお母さんがテキストを持って問題を口頭で出題し、子どもがそれに答えていくというチェック方式を指しますが、音韻処理の苦手な子どもの場合は、口頭による問題自体を理解するのに時間がかかり、かえって効果を損ねてしまいます。それゆえこのタイプのお子さんの場合は、口頭試問は避けた方がよいでしょう。

音韻処理の苦手な子どもの場合、とにかく書いて覚えさせるのが早道と思われます。**塾の宿題は3枚ずつコピーをとって、繰り返しやらせましょう。**あるいはテキストや問題集を3冊購入して、何度も繰り返し書き込ませるのも効果的です。身体に覚えさせるように、刷り込ませるのがよいと思います。

前項と本項で、いわゆる学習障害（ＬＤ）の生徒についてのお話をさせていただきました。私の印象では、「障害」という言葉がついているせいか、わが子がＬＤであることを認めたくないと思っている保護者の方が多いようです。あるいはそもそもＬＤという存在についてよく知らなかったり、教師の側のＬＤに関する知識が乏しかったりして、無理解なままその子に合わない学習法を押し付けてしまい、子どもの成績が上がらないという悪い流れに陥ってしまっていることがよくあります。しかし「学習障害」という言葉とは裏腹に、知能には異常がないことも多く、適切な学習法をとれば普通の子と同様に高等教育を受けることが可能となるのです。

ディスレクシアではないかと感じた場合、眼科や小児神経科など専門の病院で検査し、専門家に相談することをおすすめします。いきなり専門医に相談に行くことが難しい場合には、スクールカウンセラー、子育て支援センターや児童発達支援事業所などにご相談いただくのがよいと思います。状況がわかれば対応のしかたはいくらでもあります。「この子は頭が悪いんだ」と決めつける前に、調べられることはきちんと調べて対応策を練ってみてください。

人の話を聞くのが苦手な人は
???
テキスト
を
3枚ずつコピーして
くり返しやらせる

Q 33

【学習法】暗記させたいものをトイレに貼っているのに、全く覚えてくれません

覚えたいものはトイレではなくお風呂に貼れ！

昔、家庭教師の仕事をしていた時の話です。トイレをお借りして中に入ってみたらビックリ！　四字熟語やらことわざやら歴史年表やら植物の図版やらが、ところ狭しと貼り付けられていたのです。貼るスペースがなくなったためか、2重にも3重にも貼り付けられていて、一番下に貼られているものはめくらなければ確認することができないようになっていました。

部屋に戻り子どもに「トイレのあれって見てるの？」と尋ねると「はっきり言って見ていない」という答えが。どうして見ないのか聞いてみたところ「新鮮味がない」

「面白くない」「うんざりする」といったネガティブな返答が返ってきたものです。

暗記をさせたいものをトイレに貼っているご家庭は多いと思います。トイレですと、例えば大をする際には座って長時間そこにいるわけですから、目の前に暗記させたいことを貼っておけばそれを眺めて覚えられる、そうお母さんが思い込んでも無理からぬことです。しかしこれは次の二つの理由で効果はないと断言できます。

まず一つ目の理由ですが、子どもたちは勉強の合間にトイレに行きます。もちろん生理現象でトイレに行くということもあるでしょうが、学習時間中にトイレに立つのはほとんどの場合「気分転換」です。私も仕事柄原稿を書く機会が多いのですが、ずっと座っているとだんだんと腰が痛くなってくるので、たまにトイレに行って気分転換していいます。よって原稿を書いている時にはやや頻尿気味となります。子どもが勉強中にしょっちゅうトイレに立つのは、勉強に飽きてきているというのもあるわけです。

そんな状態で、勉強のことで埋め尽くされているトイレに行っても、リフレッシュできるでしょうか。むしろストレスを感じて帰ってくるのではないですか。うんざりしてトイレの壁に書いてあることを詳しく見ようともしないでしょう。

もう一つの理由は、いつまでたっても情報が更新されないということです。一発屋芸人が、それこそ流行している時にはテレビで見ない日がないほど毎日露出していたのに、ある日ぱたりと見なくなってしまうのは、視聴者が飽きるからにほかなりません。ヒトは同じ情報を繰り返し見せられると、それを見たくなくなるどころか、好きだったものでさえ嫌いになったりするものです。最初の頃はお母さんが張り切って、毎週新しいものを貼り替えたりするのですが、だんだんと面倒くさくなってもう半年も同じものが貼られているなんてことはよくあることです。トイレの中に貼ってあるものがずっと同じだったら、子どもが飽き飽きしてそれを見なくなるのも当然です。

ではトイレにものを貼るのは全く無駄なのでしょうか。まずその内容ですが、学習時に見るのと同じような参考書的なものだと、目新しさがなく子どもは面白みを感じません。そこで、もしどうしても何か貼りたいのであれば、マンガやイラストを中心としたものにしましょう。お母さんが直筆で書いたいたずら書きのようなものでも構いません。目を引くのが目的ですから面白ければ何だっていいのです。

またこまめに貼り替える必要があります。長くても1週間。古くなったものはどんどん貼り替えて、新しいものと差し替えましょう。そうすれば効果は高いと思います。でもそんな面倒なこと、なかなかやっていられませんよね。

そこで私が提案したいのが、**覚えたいものをトイレではなくお風呂場に貼る**という方法です。お風呂場をおすすめするのには二つの理由があります。一つはトイレに貼るよりもずっと楽だということ。トイレに貼る場合、いちいちセロハンテープなどで留めなくてはいけません。しかしお風呂場の場合には、壁に水をかけて貼り付けるだけで、水の表面張力によって簡単に貼ることができます。そしてもう一つの理由は、そのうちに紙がボロボロになって貼り替えざるを得なくなるということです。その頃には覚えるべきことも頭に入っているでしょうから、そのタイミングで貼り替えれば、情報も更新されて一石二鳥です。

もう一つ、別の方法もご提案しておきましょう。それはふせんを効果的に使う方法です。まず少し大きめのふせんを用意してください。それに覚えたいことを子ども自身に書かせるのです。例えば週末におこなわれる漢字テストの範囲の覚えられない漢字でも、習ってきたばかりの社会の年号でも何でも構いません。とにかく子ども自身に作らせることが、お母さんも面倒くさくなくて一石二鳥です。その時に、1枚のふせん紙にたくさんの情報を書いてはいけません。見やすい大きめの字で一つか二つのことを書くにとどめます。

そしてそれを生活動線に貼っていくのです。ベッドの天井、子ども部屋のとびら、トイレのとびらの外側、トイレのタンクの上の壁、トイレの水洗レバーの脇。洗面所の鏡、お風呂場、下駄箱の上などに貼りましょう。そうすれば嫌でも目に入りますし、覚えることが明確なので子どもにとっても覚えやすくなります。何よりもいちいち読まずとも、目に入るのがいいのです。

そしてふせん紙を使うことにも意味があります。ふせんは粘着力が弱いので、1週間も経つとはがれてきます。はがれてきたら次に覚えることを新たに書いて貼りなおせば、自動的に情報が更新されるわけです。ぜひやってみてください。

暗記したいものは風呂場に貼る!
シャワーで壁をぬらして
貼りつける!それだけ!!

Q 34

【学習法】暗記に役立つ道具があれば教えてください

青いペンや青いマーカーは暗記力を向上させるといわれている

1994年に発表されたUCLAの研究者らの論文によると、色の彩度・明度と感情の起伏には関連性があるそうです。彩度とは色の鮮やかさのことで、純色の量が多いほど鮮やかで、少ないほど淡い色となります。明度とは色の明るさのことで、その色に含まれる白の量が多いほど明るく、黒の量が多いほど暗くなります。気分を高揚させたいときには部屋の照明などを明るくはっきりとした色彩のものに変え、心を鎮めたいときは暗く淡い色を用いる方がよいようです。

では学習効果を高める色とは何色になるのでしょう。よく聞くのは「青いペンを使うと成績が上がる」というものです。これは科学的に正しいことなのでしょうか。色彩心理学では、青色には人の集中力や視認性を高める効果が認められています。ある予備校では、「暗記したいことを青いペンで大学ノートに書きなぐる」という方法を推奨しており、実際に数多くの生徒が「成績が上がった」とその効果を実感しているそうです。その予備校の生徒たちのノートを見ると、大学ノート何ページにもわたってビッシリ青い小さな文字が書き込まれています。まぁこれだけ書けばさすがに覚えるだろうという気もしないでもないのですが（笑）。

カネボウ化粧品美容研究所の発表によると、青の照明下に被験者を置いたところ、5分以内に皮膚の表面温度が2度下がったそうです。このとき被験者は涼しさを感じており、実際に脈拍はゆっくりになり、脳波計にはアルファ波が検知されました。アルファ波は精神集中した時やリラックスした時に出る脳波の波形です。青という色の「気持ちを落ち着かせたり集中力を高める力」というのは、どうやらバカにできないものがあるようです。子どもの勉強部屋の壁紙の色をブルーにすると、もしかしたら学習効率がアップするかもしれません。実際にオフィスの壁紙を青にしている会社もあります。

逆に壁紙を赤くするのは禁物です。ロチェスター大学の心理学者アンドリュー・エリオット博士が、知能テストの表紙を白色、赤色、緑色に変えて試験の実験を行ったところ、赤い表紙でテストをしたグループの成績だけが、平均して20％も下がったという実験結果が出ました。他のいくつかの研究でも、赤色は仕事のパフォーマンスを下げるという結果が出ています。

なぜ赤が仕事や学習の効率を下げてしまうかには諸説がありますが、赤色を見るとヒトは本能的に興奮状態に入りやすく、血圧や脈拍が上がり静かに集中出来なくなってしまうという説が有力なようです。勉強部屋に赤い壁紙というのは避けた方が無難でしょう。

ただ残念なことに、色彩心理学における定説には科学的根拠の薄いものが多く、文献によっても矛盾する主張が散見されるため、そこまで明確な効果は期待できないかもしれません。そもそも色彩心理学は「心理学」の学問体系の中には含まれないとする専門家もいます。

それでも「売り場に暖色系の色を積極的に用いたら購買量がアップした」「寝室の照明を青に変えたらぐっすり眠れるようになった」など、経験的に正しいとされる事象は数多く報告されていますので、実証科学として無視できないものではあると思われます。

色彩心理学はともかく、気分を高揚させ学習効果を上げるという観点からいうと、文房具にこだわるというのも一つの方法です。文房具店に行くととても魅力的な、かわいい文房具がたくさん並んでいますが、そうした魅力的な文房具を使って勉強すれば、テンションが上がり、ドパミン効果が期待できるかもしれません。

ただし、文房具を買い過ぎて筆箱がパンパンになる事態は避けてください。どこに何があるかわからなくなって探すのに手間がかかり、非効率的ですから。お気に入りのペンを2、3本用意すれば充分でしょう。

それともう一つ。**勉強部屋をきれいに片づけておくというのも、学習効率をアップさせるためには非常に重要な要素です。**理由は二つあります。

散らかった部屋は私たちから集中力を奪います。２０１１年にプリンストン大学の神経科学研究チームは次のような実験をおこないました。周囲にがらくただらけの部屋ときれいに整理整頓されている部屋で被験者にそれぞれ作業をしてもらい、被験者の脳の反応速度とタスク処理過程を調べました。するとがらくただらけの部屋では被験者の集中力低下がみられ、また脳が情報処理過程にも制限がかかって効率も低下することが判明したのです。ものが多すぎるとそれだけで気が散ってしまうわけですね。

もう一つの理由は、どこに何があるかわからなくなってしまい、モノを探すのに時間がかかって無駄が多いということです。「すごい天才は部屋が汚い」という話をよく聞きますが、それは彼らが乱雑に置かれていてもモノのありかをきちんと把握しているからで、もともと記憶力が段違いにいいからそれでも大丈夫なだけです。普通の人はなかなかそこまで記憶できませんので、やはりきちんと片付いている方が効率的です。

勉強部屋は明るいライトをつけ、ブルーの壁紙にして整理整頓しておきましょう。

勉強の効率を高める部屋

Q 35

【お悩み】どうしても暗記する時間がとれない日があるので、とても心配です

あえて何も覚えない日を作る方が学習効果は上がりやすい

みなさんも一度はダイエットを頑張ろうと思ったことがあるでしょう。わたしなどしょっちゅうです（笑）。その時にこんな経験をしたことはありませんか。昼間にお友だちとランチに行き、その時にダイエット中だからとデザートを頼むのを我慢した後で、夜家に帰ってきて「昼間は頑張って我慢したのだから」とついついチョコレートを食べてしまった。同じカロリーを摂取するなら、代謝効率の悪い夜に摂るよりも昼間我慢しないで食べた方がまだよかったかもしれないのに。

スタンフォード大学のケリー・マクゴニガル氏はこんな実験をしています。ダイエットがうまくいっているという被験者を募って二つのグループに分け、片方のグループには「理想体重とダイエットの進捗状況」について尋ね、もう一方のグループには何も尋ねませんでした。そして被験者にごほうびとしてリンゴかチョコバーを選んでもらったのです。すると、「進捗状況を聞いたグループ」は85%がチョコバーを選び、「聞かなかったグループ」は58%がチョコバーを選ぶという結果となったそうです。
「理想体重とダイエットの進捗状況について語ったグループ」は、それを実験者に話すことで「これまでダイエットを頑張ってきたんだから」と気が緩み、ついつい自分の衝動的欲求を許して「チョコバーを選ぶ」という行為に及んでしまったのだ、とマクゴニガル氏は説明します。

これを行動心理学の世界では「モラル・ライセンシング効果」と呼びます。モラル・ライセンシング効果とは、何か良いことをした後ではヒトは自分の衝動的欲求に従って好きなことをしてしまいやすくなることを指します。前述した「ダイエットを頑張った後に、ついつい甘いものを食べ過ぎてしまう」とか「勉強を頑張った後についついつい遊び過ぎてしまう」などがこれに当たります。どうしてこのようなことが起こるのでしょう。それは脳の構造にその原因があります。脳の中の大脳には、「大脳皮質」という部分があります。「大脳皮質」は大きく分けて「新皮質」と「辺縁系」と呼ばれる2つの部分があり、新皮質は理性を、辺縁系は本能を司っています。そしてこの「二つの部位」は常にバランスをとりながら、高度な情報処理をおこなっているのです。何か良いことをすると「新皮質」が使われるのですが、その後にバランスをとるために「辺縁系」が優位になり、本能に従った行動をしやすくなってしまうわけですね。

そしてこの効果は、頑張れば頑張るほど、見返りとしてより大きな反動衝動を引き起こしやすいという傾向があるのです。

しかし「勉強するとサボりたくなる」からといって、受験生が勉強をしないわけにはいきませんよね。そこでおすすめしたいのが「モラル・ライセンシング・マネジメント法」です。モラル・ライセンシング効果を逆手に取るこの方法は、すでにすぐれたダイエット法としても活用されています。

ダイエットをする時に、ずーっと甘いものを我慢してしまうと、その反動も大きくなり、例えば友だちとのランチ会などでたくさん食べ過ぎてしまい、すぐにリバウンドをしてしまいます。そこであえて「チョコレートを食べてもいい日」をつくるわけです。せっかくダイエットを頑張っているのに、そんな日をつくったらダイエット効果が減ってしまう、そんな不安を持つ人もいるでしょう。しかしダイエットで一番大切なのは、目標に到達するまで、ダイエットを「継続する」ことです。1週間ごとに「チョコを食べてもいい日」をつくれば、そこでいったん「モラル・ライセンシング」がリセットされますから、また6日間頑張れる、それを繰り返せば長く継続的にダイエットが続けられるというわけです。

これを応用して、**1週間のスケジュールの中に、何もしない日を1日だけ組み入れてみましょう**。例えば「月・水・土」が通塾日だとしますね。すると「火・木・日」は塾の宿題などをやる日にあてなければなりませんが、金曜日は予備日として取っておくことが可能です。この日を「勉強を全くしなくてもよい日」に設定するのです。学習計画を立てる上で「予備日」を設定するのはとても良い方法です。どんな計画を遂行する場合にも予備日を設けますが、これがないと万が一計画がスケジュール通りにいかなかった時に、間に合わなくなって計画が頓挫してしまう危険性が出てきてしまいます。これを回避するために予備日を設定しておく必要があるのですが、1週間の学習計画の中にもあらかじめ予備日を設定しておき、その日を「サボる日」にしておけばよいのです。もし宿題がたまってきてしまった時には、その日を使って追いつけばよいでしょう。そうすれば課題が雪だるま式に積算されていくこともありません。

もちろん勉強を全くやらなくても、あるいは本人が自ら望めばもちろん勉強をしても構いません。そういう日を1日作っておくことが大切なのです。そうすれば「モラル・ライセンシング」をリセットできます。

「モラル・ライセンシング・マネジメント法」をうまく活用して、勉強もダイエットも長続きできるようにしていきましょう！

1週間のスケジュールには予備日を入れる

・習いごとと勉強はバランスよく配置

・習いごとはたくさんよくばらず、
「適度」を心がける

Q 36

【お悩み】そもそもうちの子、全然勉強しようとしないんです。どうしたらよいでしょう？

勉強（暗記）はやるべきことであると本人に納得させるべし

「オートクライン」の話はQ22ですでにいたしましたが、実はこの「オートクライン」はコーチング理論の肝であるとされています。コーチングの考え方では「答えは自分の中にこそある」ものであり、相手からそれを上手に引き出せることが、有能なコーチの条件となります。

皆さんよく考えてみてください。誰かほかの人から強制されたことや実行するように命じられたことに対して、モチベーションは上がるでしょうか。例えばご主人から

「たまには部屋の掃除でもしろよ」と言われたら？　奥さんから「ゴロゴロしてないで車の洗車でもしたら？」と言われたら？　果たしてやる気が出るでしょうか。子どもも同じです。「勉強しなさい」「暗記しなさい」そう言われてホイホイやる子なら苦労はないわけです。多くの子どもたちは、親からのその言葉に「あーもう今やろうと思ったのにやる気が一気に失せた」などと反論しますが、それは屁理屈をこねているわけでもなんでもなく、本当にやる気が損なわれてしまうからそう文句をつけているのです。

私たちにはそもそも「自分の行動や選択を自分で決めたい」という欲求があります。しかしそれを他者から先回りされて言われてしまったり、命じられてしまうと、反発心が生じてしまいます。これを心理学の世界では「心理的リアクタンス」と言います。心理的リアクタンスとはすなわち「他者によって自分の意思や行動を制限された時に起こる心理的抵抗」のことです。

子どもがゲームをやっていたとしますね。子どもは自分の自由な意思によってゲームをおこなっているわけです。そこへ親がやってきて「（ゲームなどやめて）勉強せよ」

と言う。すると子どもは自分の自由を制限されたと感じて「勉強なんてしたくない」と思ってしまうわけです。遊んでいる子どもに対して「勉強しなさい」と声をかけても、全く効果がないばかりか、かえって子どもたちのモチベーションを損ねてしまいます。子どもたちからやる気を奪うまさに魔法の言葉ですね。

かといって子どもたちがやる気を出すまで、じっと待っているというのも忍耐力のいる話です。ではどうしたらよいか。要は子どもたちの内側から「勉強しなければ」「覚えなければ」という言葉を引き出せばいいわけです。その言葉を子どもたちから引き出せれば、親の仕事はほとんど終わったも同然です。その言葉を引き出す具体的な方法が「傾聴」すなわち相手の言葉に耳を傾けることです。これにはいくつかのステップがあります。

まず初めに、子どもの学習の現状を聞いてください。いま何の勉強をしているのか、成績はどのくらいなのか、そしてどんなことが覚えにくいのかなど、お子さんの現状を聞き出してみてください。それを数値化させるとより具体的にイメージしやすいでしょう。「理想を10とするといまはどれくらい?」こんな感じです。

そしてつまずいていることに対してどんな対策が考えられるか、子ども自身に言わせます。そうすれば自分がいま何をすべきなのかが明確になってきます。例えば明後日に漢字テストがあるとしましょう。その漢字テストへ向けて具体的にどのように勉強していけばいいのか、子ども自身に考えさせて言わせるのです。「漢字をがんばる」などの大雑把なものではなく、「漢字を20個覚えなければならないから今日と明日で10個ずつ漢字を覚えればいい」など、より具体的で明確な方法について考えさせてください。

そして最後に目標を定めさせてください。目標は長期的スパンではなくて短期的スパンで考えさせるのがコツです。「第一志望に合格する」といった大目標は、もちろん掲げることは大切ですが、日々のモチベーションには大きな影響を与えません。子どもというのは、3日後のことはイメージできても1ヶ月先のことはイメージできないものなのです。モチベーションを維持するために、目の前の身近な目標を意識させましょう。そしてその目標は達成可能なものにしておくことも重要です。「漢字テストで満点取る!」というのは一見目標が高くてよさそうですが、毎回90点以上を取っ

3 暗記力が飛躍的にアップする暗記法と学習法

ている生徒には適切でも、毎回50点しか取れていない生徒には高すぎる目標になります。高すぎる目標は子どもにとっては実感が持ちにくく、モチベーションも上がりません。「漢字テストで80点を取る」くらいの方がよいでしょう。その方が達成しやすいですし、達成したときに小さな成功体験として蓄積されていきます。

子ども自身に答えを見つけさせて、それを子ども自身に表明させる。そうすれば「心理的リアクタンス」を回避でき、「オートクライン効果」で子どものやる気がアップするはずです。

今日から「勉強しなさい！」はぜひとも封印してくださいね。

子どもにやる気を出させるには
勉強しなさい!
やる気が出ない
NG
「心理的リアクタンス」
を生みだすのでNG!
子どもから答えを
ひき出す
Point
① 現状を聞く
② 対策を考えさせる
③ 目標を立てさせる
「オートクライン効果」

を最大限に活用する!

Q37

【お悩み】宿題は完ぺきでいつも満点なのに、テストになると出来が悪いのです。忘れてしまうのでしょうか？

普段の出来とテストの成績にギャップがあるときはカンニングを疑え！

塾の経営をしていると、保護者の方とぶつかってしまうこともたまにあります。お互いに子どもの指導や教育に本気なので、考え方の相違から対立構図を生んでしまうのです。これはある意味仕方のないことです。

しかし中には「良かれと思って」言ったことが保護者の方の反感を買って、そのまま退会となってしまうケースもあります。特に子どものカンニングについて指摘すると、保護者の方としてはとても信じられず、「うちの子に限ってそんなことをするはずがない！　なんてこと言うの!?」と怒りに震えてしまうようです。

衝撃的なお話をすると、カンニングをしている子はかなりの高確率でいます。親がそれに気付いていていないだけなのです。

何をかくそうこの私もカンニングをしていました（笑）。小学校の塾の宿題をやるときに、算数で解答を丸写ししていたんですね。でも算数はテストでも授業中でも割とできたものですから、誰にも疑われませんでした。あるとき算数担当の先生が授業中に険しい表情で宿題の1問を指し「宮本、この問題があっていたのはお前だけだ。どうやって解いた」と私のことを問い詰めたのです。私は答えを丸写ししていましたので、当然解法を答えることができずしどろもどろになっていました。そのとき先生はこう言い放ったのです。「この問題の解答にはミスプリがあったのだ。お前だけが正解ということはどういうことかわかるな」私は愕然としてこうべをたれました。このときのことは今でも鮮明な記憶として、頭の中に残っています（笑）。

親はまず「子どもはカンニングをするものだ」と理解してください。そして子どもがカンニングをするのは、子どもに悪い心があるからではないということも同時に理解しておいてほしいと思います。

こんな有名な心理実験があります。大人と子どもの2人が部屋の中にいて、その前にあるテーブルの上には、ふたが閉まっていて中を見ることのできない箱が置いてあります。大人が「あとで中身当てクイズを出すから、箱の中は見ちゃダメだよ」と言って部屋を離れます。大人の監視の目がなくなると、子どもは我慢できずに箱のふたを開けて中を見てしまうのです。その後大人が戻ってきて「箱の中を見た?」と聞いてみると、子どもは「見ていない」と嘘をつくのです。つまり子どもも「見たらダメ」と禁止されたことをすることはよくないことだとわかっているのですが、誘惑に負けてその言いつけをつい破ってしまうのです。

3歳児くらいですとほぼ全員が箱の中を見てしまうのですが、年齢が上がっていくとその割合は少なくなっていきます。しかし完全に0になることはありません。

ではカンニングしてしまう子どもに、特徴はあるのでしょうか。

もっとも多いパターンは、「保護者の理想が高く、子どもの現実とのギャップが大きい」というケースです。つまり、親は偏差値の高い学校を志望校として掲げているが、子どもの実力がそれに追いついておらず、成績が親の期待する値よりも常に低い場合に子どもはカンニングをしてしまうようです。

この時の子どもの心理状態としては、「親に叱られたくない」「親の期待を裏切りたくない」「親の喜ぶ顔が見たい」といった感じです。親から「今度こそ偏差値60超えなきゃもう受験やめさせるよ」などとプレッシャーをかけられればかけられるほど、子どもはカンニングに走ってしまいます。

子どもがカンニングをするようになってしまうと、成績は上がりにくくなります。「安直に答えを見てしまうことで頭を使わなくなるから」という理由を思い浮かべる方が多いと思いますが、事態はそれほど単純ではなくもう少し深刻です。

皆さんは「メタ認知能力」というのを聞いたことがありますか。「メタ認知能力」というのは認知科学の用語で、ヒトが自分自身を認識する際に、自分の思考や行動そのものを客観的に把握し認識する能力のことです。つまり自分がどんな行動をしているか、自分が何ができていないのかを冷静に客観的に把握する力のことを「メタ認知能力」と言います。

アスリートが、1回目の試技の後に「今少しだけ踏み込むタイミングが早かったな」と自己分析できれば、次の時にはそこを修正でき、記録を伸ばすことができるでしょう。一流の人ほどこの「メタ認知能力」が高いといわれます。

学習面においても同じことが言えます。例えば「私は繰り下がりの計算ミスが多いタイプで、いつも54－28を36と多く計算しちゃうのよね」とわかっている人は、実際にテストの時にそこに注意することができますので、計算ミスをグッと減らすことが可能です。自分がどこを理解できていないのかをきちんと知っている子は、問題集の同じ問題を重点的に演習できますから、弱点克服も早いわけです。頭のいい子ほど「メタ認知能力」が高いのです。

カンニングをしてしまう子どもは、自分の間違いを誤魔化してしまうわけですから、自分自身どこが弱点なのか、どこを理解できていないのかがどんどんわからなくなっていってしまいます。「メタ認知能力」を自ら低めてしまうわけです。常に正解している状態ですので、復習量が不足してしまい絶対的な学習量も減ってしまいます。点数が自分の実力よりも高く出ることにより無駄な虚栄心が芽生え、ますます自らの点数を誤魔化すようになっていきます。学習面での負のスパイラルに入り込んでしまうわけです。

これを回避する方法はただ一つです。それは親が、模試の成績を叱るのをやめることです。**子どもに必要以上のプレッシャーを与えず、間違えてもそれを復習すればいいんだ、間違いを認めて復習することこそ大切なんだ、と思わせる環境を整えること**です。

またもし我が子がカンニングをする子になってしまっていても心配はいりません。まずは親が「カンニングなんてどんな子どもにも起こりえること」と腹をくくってください。そしてその行為を決して叱らずに、子どもの不安を受け止めてあげてください。そして落ち着いて、叱らずに、カンニングはあなたのためにはならない、ということをきちんと説明してあげてください。家の中で一番冷静な人が対応するか、もしくは信頼できる塾の先生に依頼してもいいでしょう。

「あぁ、うちの子もやったか。はっはっは」くらいの心の余裕が必要ですよ。

Q 38

【お悩み】テストでいい成績取ったら○○買ってあげる、と言っているのに、効果が上がりません

ごほうびのあげ方を工夫すれば、子どもを簡単に机に向かわせられる

今から30年ほど前、大学で教育心理学を学んでいたころは、「勉強した時にお金でご褒美を与えると、子どもはそれに慣れてしまい、やがて勉強しなくなる。勉強させるためには金額を釣り上げていかなければならず、そのうちごほうび効果がなくなってしまう」と習いました。確かにこれは一理あって、例えば最初宿題をやったら100円をあげると約束して宿題をやらせ始めても、だんだん100円という報酬では満足できなくなり、徐々に金額を釣り上げなくてはならなくなったりします。あるいは100円という報酬欲しさにテキトーに宿題をやるようになってしまい、学力向

上という本来の目的からは離れてしまいます。こうなってくると子どもたちはただ宿題をやったというポーズだけをとるようになり、学習そのものが形骸化して学習効果がなかなか得られなくなってしまうでしょう。

ではやはり、学習の動機づけとして「ごほうび」は害悪なのでしょうか。最近の研究では一概にそうとも言い切れないものがあるようです。

ハーバード大学のローランド・フライヤー教授によると、アメリカのダラスの小学2年生の子どもたちに「本を1冊読み、その内容に関する質問に正しく答えられれば200円をもらえる」という実験を試みたところ、子どもたちの学力が飛躍的に向上したそうです。この実験では子どもたちは平均して約1400円の報酬を得たということですから、1回200円という少額の報酬でしかも途中でその金額が上がらなくても、平均して7回は継続的に読書を続けたことになります。この結果は「お金で釣って学習させると、途中で金額に魅力を感じなくなり子どもたちは学習意欲を失う」と思っていた私にとって、衝撃的なものでした。

そもそも学習とは、自己の「内発的動機付け」から意欲が高められ、より高度な問題に立ち向かっていけるようになるものである、というのが私の教育観でした。「内発的動機付け」とは、物事に興味や関心を持つことで自己の内面から達成感や満足感を得たいという気持ちが沸き起こってくることを指します。しかし「外発的動機付け（強制や懲罰・報酬などによる動機付け）」によっても意欲が高められるという心理実験の結果は、私のこれまでの教育観を覆すものだったのです。

しかしよくよく考えてみれば、どんなものでもうまくならないとモチベーションは上がりません。私自身、中学時代に部活動で硬式テニスをやっていましたが、一向にうまくならず、やがてやめてしまったという過去があります。練習しなければ上達せずモチベーションも上がりませんが、モチベーションを上げるために、最初の段階で「外発的動機付け」があってもそれはけっして間違った選択ではないのかもしれません。

ところでこの「報酬」のあげ方についてですが、シカゴ大学のスティーヴン・レヴィット教授らはこんな示唆的な実験をおこなっています。

実験はシカゴの小・中・高6500人の生徒を対象に、もし前回のテストよりも好成績を残せば、お金やおもちゃがもらえるという設定で実施されました。ごほうびはいずれも300円程度の少額のものでした。この時最も効果のあった報酬のあげ方は、試験の前に報酬を先渡ししておいて、基準の成績が取れなかった場合にはその報酬を取り上げる、というものでした。これは人間行動学で言う「損失回避」というものに当たります。私たちは利益を得るよりも損失を被ることの方を恐れるものなのです。

また、報酬を与えるタイミングは、テスト終了直後が最も効果的で、テストから日にちが経てば経つほど効果は薄れ、1カ月を過ぎると、ごほうび効果はほとんど得られないこともわかりました。すなわち成績が上がったらすぐにごほうびをあげるのがよさそうです。ポイント制にしてお誕生日にドカンと大きなものを買ってあげるというやり方だとうまくいかないということですね。

これらのことをふまえると、**学習に対してごほうびをあげても何ら問題はなさそうです**。また金銭的なごほうびでなくても効果は認められているということなので、こんな方法を試してみるのはいかがでしょう。まず100円ショップなどで、シール台紙とシールを買ってきます。次に宿題をやったら子どもにシールを渡します。子どもは自らそのごほうびシールをシール台紙に貼っていきます。ある塾では実際にごほうびとしてシールを活用し、学習効果を上げています。また別の塾ではインターネットでテストをおこない、成績優秀者にポイントを付与したり、金・銀・銅のメダルを与えたりしています。これにより以前よりもずっと、子どもたちが自主的にインターネットテストをおこなうようになったそうです。

でも気を付けてください。おもちゃやシールのようなやり方は、年齢が上がるにつれて効果がなくなるそうです。スティーヴン・レヴィット教授らの実験では、中学生以上の子どもたちの場合、現金以外では効果が薄かったといいます。また一番効果のあるとされる「一度ごほうびをあげておいて、ダメだったら取り上げる」というやり方は、確かに効果は高そうですが、親子関係が崩れてしまいそうなので、避けた方がよいかもしれませんね。

ごほうびでつるのもたまには有効

宿題をやったらシールを貼っていこう

Q 39

【お悩み】ゲームやマンガにばかりに目がいって、勉強に身が入らないんです

ゲームやマンガは思い切って捨ててしまおう！

私の塾には、生徒が閲覧できる本棚にズラリとマンガが並んでいます。このように書くと「え？」と思われる方が多いと思いますが、実は並んでいるのは朝日新聞出版から刊行されている「週刊マンガ日本史」全50巻と「週刊新マンガ日本史」全51巻です。他にも「週刊かがくるシリーズ」という準マンガ的な雑誌も200冊以上並んでいます。これだけのものを集めて塾の教室内に並べているのに、なぜ「マンガはすべて捨ててしまえ」と主張するのでしょうか。

皆さんは１日にスマホに何回くらい触りますか？　試しに昨日のＬＩＮＥの全レスポンス（何人にかではなく何回レスをしたか）・電話回数・メールのやり取り数・ウェブサイトの閲覧回数をすべて数えて合計してみてください。ちなみに私は３２４でした（笑）。

私は仕事で保護者の方との連絡をするにもすべてスマホでおこなっているため一般の人よりもスマホを触る回数は多いのかもしれませんが、それでもこの数字は充分「スマホ依存症」と言えそうですね。

イギリスのマーケティング代理店テックマーク社がスマホユーザー２０００人に対しておこなった調査によると、現代の人たちは次のような状況となっているそうです。

・スマホを触る回数は1週間で1500回以上
・スマホに費やす時間は1日に平均3時間16分
・スマホのその日のファーストタッチの平均は朝7：31

またマーケティングリサーチ会社のインテージの調査では別の数字が示されています。この調査ではスマホ利用ログデータ記録が使用されました。これによると1日のスマホ利用回数は48回（中央値）で10代・20代の男子で55回以上、10代・20代の女子では60回以上スマホを利用していることになります。友だちとのＬＩＮＥ1回につき平均5レスをつけるとすると1週間で１６８０回という数値が得られますので、両者の調査は同じような結果を示していることになります。現代人の生活の中に、いかにスマホが入り込んできているかがよくわかる調査結果といえましょう。

ところでみなさんは、大人と子ども、どちらがより強い自制心を発揮できると思いますか？　例えば目の前にケーキが置いてあったら、それを食べずに我慢できるのは大人と子どものどちらでしょう。

多くの人が「大人の方がより自制心を発揮できる」と思いますよね。その通りです。自制心を調べる心理実験では、ほとんどの大人が誘惑に抵抗できるのに対して、子どもではほとんど我慢できないことがわかっています。子どもよりもずっと自制心の強いはずの大人ですら、スマホを目の前に置いておいたらこんなにも自制できないわけです。それが子どもならどうでしょうか。子どもたちにとってより魅力的なマンガやゲームだったらどうでしょう。そちらに気をとられて、学習に集中することは難しいですよね。

特に最近は共働きのご家庭が増えてきています。学校から帰ってきて家に監視者が誰もいない状況で、ゲームやマンガを我慢して塾の宿題をやれる子どもが果たしてどれだけいるでしょうか。

ではなぜ当塾では「歴史マンガ」や「かがくる」を大量に本棚に置いてあるのでしょうか。マンガと言っても、それを通して何らかの学びがあるものであるなら、私は与えてもよいと考えているからです。むしろそうしたものを置いておけば、子どもたちは休み時間にそれを読んで過ごします。息抜きの時間にも知らぬ間に子どもたちは「学習」をしているわけです。しかもストレスを感じることなく、です。大衆マンガなどを与えなくても「歴史マンガ」などで子どもたちは充分楽しめます。逆にそれしかなければ、子どもたちはそれを読んで過ごすでしょう。そして充分満足感を得られるのです。

ここは勇気を振り絞り、大衆マンガやゲームは捨ててしまいましょう。私の昔の教え子のおうちにはテレビが置いてありませんでした。その教え子はテレビのない生活が当たり前で、特に不自由さは感じていませんでした。学校などでも多少友だちの話題についていけないところがあったようですが、兄弟2人ともリトルリーグに所属していてスポーツ万能、兄は学級委員に選出されるほど人望もありました。そして2人とも開成中学に進学したのです。

テレビがないと流行りのアニメやお笑い芸人の話題についていけなくなり、子どもが学校でいじめにあうのではないかと心配する親御さんもいるでしょう。しかしいじめとはそういった理由から始まるのではなくて、人付き合いの中から始まるものです。テレビやゲームを持っていないからといって、必ずいじめられるわけではありません。

子どもから集中力を奪わないためにも、テレビやゲーム・スマホなどは家の中から排除することをおすすめします。少なくともスマホは高校生になってから与えるのがよいと思いますよ。

勉強部屋に置いてはいけないもの一覧

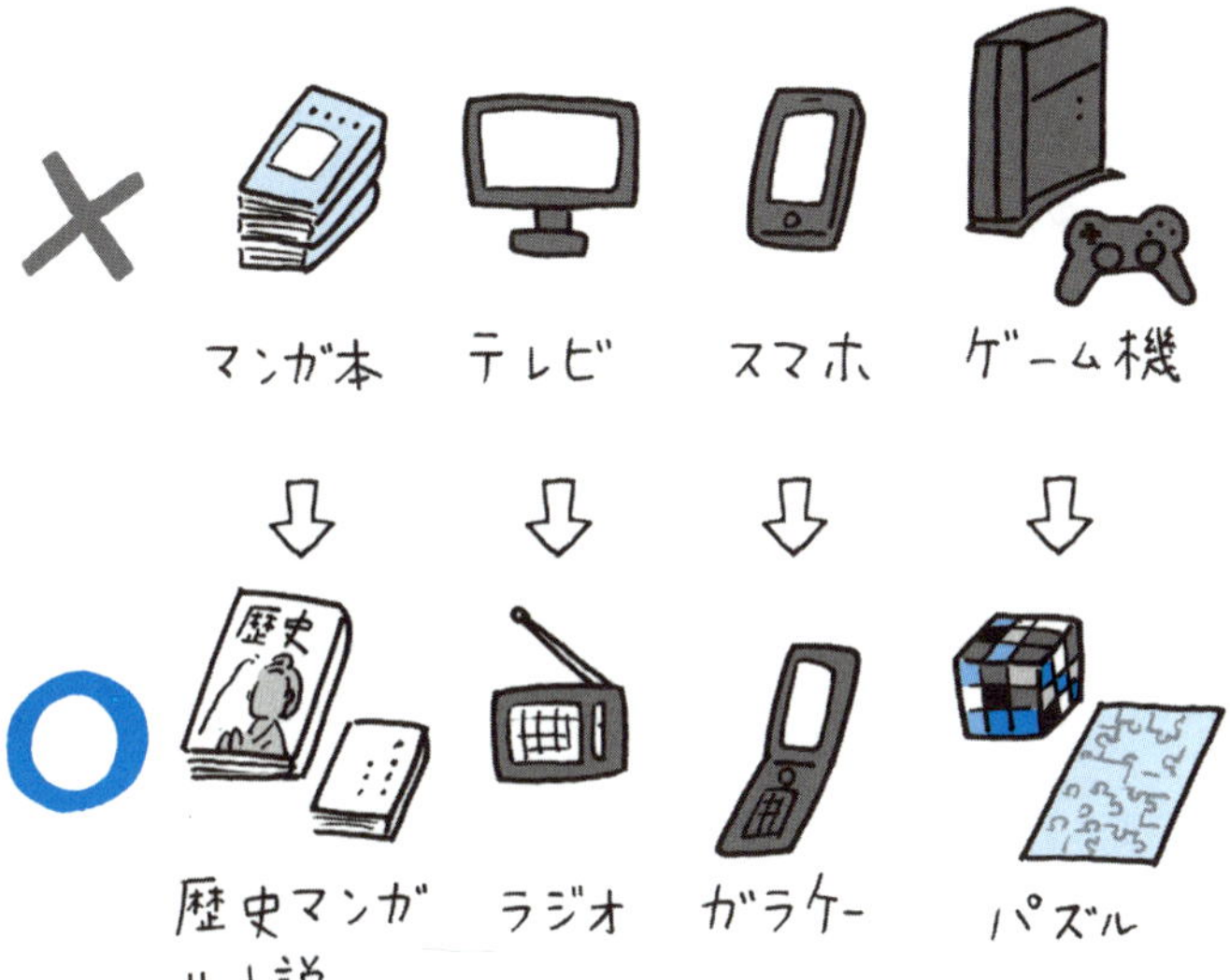

・誘惑となるものはなるべく置かない

・息抜きの時間も頭を使うものならOK

Q 40

【お悩み】親が勉強が苦手だったのですが、そんな親でも大丈夫ですか？

せっかくだから子どもと一緒に勉強しよう

私は年間10回ほど「公開講座」を開催しています。内容は「化学反応と分子の構造」だったり「日本の選挙制度の仕組み」だったりと、中学受験にも出題される理科や社会のさまざまなテーマを取り扱っています。中学受験生（小学生）対象ですのでそれほど専門的な込み入った話をするわけではありませんが、多くの保護者の方が見学にいらっしゃり、「小学校の頃に宮本先生に習っていれば、もっと勉強が好きになったかも」といったうれしいお言葉をいただいたりします。教師冥利に尽きる瞬間です。

私の話がことさらに面白いというわけではありません。私よりも授業の上手な先生はたくさんいるでしょうし、私自身が授業を聞いてみたいという先生も大勢います。ですからいただく高評価は、むしろ保護者の方々の中にある「学びたい欲求」の表出ではないかと思っています。

ヒトは生まれながらにして好奇心に満ち溢れる生き物です。つかまり歩きができるようになった赤ちゃんが、移動可能な範囲を縦横無尽に歩き回ったり、手あたり次第におもちゃや物をつかんだり、口に入れたり、ティッシュペーパーを箱から全部引き出したり、リモコンのボタンを連打したりするのも、すべて好奇心からです。これらは「探索行動」と呼ばれますが、赤ちゃんはこうした探索行動を通じて、重さ・感触・機能などを確認して学習します。

3歳くらいになると今度は「なぜ？　なに？」の質問が増えてきます。視野が広がりいろいろなことを考えられるようになると、より具体的に対象物のことを知りたいと思うようになって、親に「なぜ？　なに？」攻撃を仕掛けてくるわけです。

子どもの「なぜ？　なに？」攻撃にさらされたとき、自分もよく知らないことだったりすると、面倒くささから親はテキトーに受け答えしてしまいます。「後でね」とか「まだ知らなくていいの」と言われて育った子どもは、好奇心を発揮して親に質問することをだんだんとためらうようになります。親の渋る顔を見たくないからです。子どもたちは親の顔色をうかがいながら生きる生き物ですから、親が面倒くさがっていることもすぐに察知します。

また、幼稚園や小学校などに入ると成長のスピードに差があるため、知識格差が出てきます。またちょうどそのころに「恥じらいの感情」も芽生えてきて、知らないことを聞けない、知らないことが恥ずかしい、と思うようになります。そんな時に親が「面倒くさいから自分で調べて」などと言おうものなら、子どもたちはさらに質問しなくなってしまうでしょう。元来子どもは好奇心の塊のはずなのに、少しずつ学びに対して消極的になっていってしまうのです。こうした子どもは実際には多くいるように思われます。

子どもたちが自らの好奇心を閉ざしてしまうことがあるとするならば、それは保護者や教育者である私たちが反省し言動を改善せねばならないところでしょう。

もしみなさんが「自分は勉強ができないから、子どもも勉強ができないはずだ」と思っているとしたら、それは大きな誤解です。勉強ができるようになるかどうかは持って生まれた才能によるものではなく、もっと後天的な要因で決まります。子どもたちの好奇心を上手に育むことができれば、学力は上がっていきます。それは親の学力とは無縁のことです。

せっかくですからこの機会に、親御さん自身学びなおしてみてはいかがですか。最近では歴史ものや算数、英語など「学びなおしの大人用参考読本」が増えてきていますが、わざわざ本を購入せずとも、**塾から子どもが帰ってきたら「今日、習ってきたことをお母さんに教えてよ」と子どもに解説をさせればよい**でしょう。子どもは塾で習ったことを親に解説することで復習になりますし、親は学びなおしができて一石二鳥です。

アメリカ国立訓練研究所の研究によると、学習定着率は講義の場合5％、資料や書籍を読むことは10％、グループディスカッションでは50％、「実際にやってみる」が75％、「習ったことを誰かに教える」だと90％となるそうです。能動的・主体的に学びにかかわる方が、学習定着率が高い＝教育効果が高いと言えそうです。近年「アクティブラーニング」が注目されていますが、この研究結果もその学習効果を裏付けるものです。

しかし子どもたちは、学校や塾の授業を受けるばかりで、なかなか能動的になる機会を持つことができません。たとえ授業中に説明する機会を得られても、生徒数が多いため一人一人に与えられる時間はごく短いもので、残念ながらとても充分とは言えないでしょう。

でも家庭ならどうでしょうか。子どもに解説してもらうだけの時間を、充分とることができるのではないでしょうか。

さっそくホワイトボードを設置して、子どもに塾で習ったことを解説させ、同時に親御さんは学びなおしをしてみてください。子どもと共に学び、子どもと共に成長することは、親にとって大きな喜びです。たまには子どもと机を並べ、子どもの目線に立ってみるのもとても新鮮なことですよ。

受験生をお持ちのすべての保護者のみなさまのことを心より応援しています。

人に説明して覚える

ホワイトボード
意外にお安く
手に入ります。
壁に貼りつける
タイプもあり！
子どもに塾で習って来たことを
説明させる。
親も勉強になり
一石二鳥！

おわりに

１９８７年、国立大学は2次試験の入試日をA日程・B日程に分けて実施、１９８９年には一部の国立大学で前期・後期日程が導入され、１９９０年からは共通一次試験に代わり大学入試センター試験が始まりました。私の高校卒業が１９８８年ですから、まさに大学入試改革の真っただ中で大学受験をおこなったことになります。私自身、導入されたばかりの後期日程で、英語・数学・小論文という特殊な受験科目で大学に合格していますので、まさに激動の荒波の中を乗り切ったことになります。

このような改革の中にあっても、当の受験生たちは、親の心配もどこ吹く風で、「外箱が変わっても中身が大きく変わることはない」と考えていました。そして実際、それをあまり実感することなく大学入試を終えました。外から見ると「大きな変革」でも、当事者たちにとってはそうでもない、ということなのでしょう。

現在、大学入試は２０２０年の「大きな変革」に向けて動き始めています。その余波は中学受験を直撃し、とくに近年大学附属校の倍率が高騰傾向を見せています。「うちの子は新しい大学入試には対応できないかもしれないから、中学から大学附属に」

という親の心理はわからなくもありませんが、大学をただ卒業しさえすればその後の人生が保証されているわけではありません。就職活動の時や仕事で行き詰まった時に、結局対応力を試されるのです。人生のどこかでは、必ず試練がやってくるはずです。

大切なことは学びの本質をしっかりと理解し、中身を充実させておくことです。学びの本質とは「情報を吸収して知識を蓄え、それを用いて考察する」ということです。すべての学びの原点は「覚える」ことだと理解し、それにきちんと向き合って努力していけば、今後多少外箱の装飾が変わろうとも、慌てることはなくなります。

最後に、本書を出版するきっかけを作り、1年にわたってサポートをしてくださった編集者の荒上和人さん、私の拙い文章を根気よく手直ししてくださった黒坂真由子さん、かわいいイラストで本書に華を与えてくださった村山宇希さん、読みやすい紙面にデザインしてくださったホリウチミホさん、お世話になりましたすべての皆様に、深く感謝の意を表したいと思います。ありがとうございました。

宮本　毅

【著者紹介】

宮本 毅（みやもと・たけし）

◉――1969年東京生まれ。武蔵中学・高等学校、一橋大学社会学部社会問題・政策課程卒業。大学卒業後、テレビ番組制作会社を経て、首都圏の大手進学塾に転職。小学部および中学部で最上位クラスを担当し、多数のトップ中学・高校に卒業生を送り込む。

◉――2006年に独立し、東京・吉祥寺に中学受験専門の「アテナ進学ゼミ」を設立。科目間にある垣根は取り払うべきという信念のもと、たった一人で算数・国語・理科・社会の全科目を指導している。

◉――「すべての子ども達に自発学習を！」をテーマに、月一回の公開講座を開催し、過去10年間でのべ２万人近くを動員する。また、執筆活動にも精力的に取り組み、全科目に関する参考書を刊行（中学受験業界初）。若い頃からの変わらぬ熱血指導で、生徒達の「知的好奇心」を引き出す授業が持ち味。

◉――おもな著書には、『はじめての中学受験 これだけは知っておきたい12の常識』『考える力を育てる天才ドリル 』（ディスカヴァー・トゥエンティワン）、『中学受験 ここで差がつく！ ゴロ合わせで覚える理科85』『中学受験 ここで差がつく! ゴロ合わせで覚える社会140』（KADOKAWA）などがある。

合格《ごうかく》する子《こ》がやっている　忘《わす》れない暗記術《あんきじゅつ》　〈検印廃止〉

2018年７月17日　第１刷発行

著　者――宮本　毅
発行者――齊藤　龍男
発行所――株式会社かんき出版
東京都千代田区麴町4-1-4 西脇ビル　〒102-0083
電話　営業部：03(3262)8011㈹　編集部：03(3262)8012㈹
FAX　03(3234)4421　振替　00100-2-62304
http://www.kanki-pub.co.jp/

印刷所――図書印刷株式会社

ISBN978-4-7612-7358-3 C6030